«Este libro es un regalo poco co[...] [...]
tal manera que agrademos a D[...] [...]
hacerlo a diario. Leslie nos llama[...] [...]
dad vulnerable con nosotros mismos, con Dios y nuestro mundo. En
efecto, la verdad nos hará libres».

SHEILA WALSH
Autora, oradora y cantante

«¡Este libro le añadirá un poderoso fertilizante a las raíces de tu vida
espiritual! Leslie Vernick, mediante ejemplos bíblicos y personales,
nos alienta a los lectores a crear un plan activo a fin de poner en práctica
la fe. *Cómo vivir ... cuando todo se viene abajo* tiene un gran potencial
para ayudarle a la gente a poner en práctica un profundo cambio de
corazón que se aplique a la vida diaria».

DR. JOHN TRENT
Presidente de *Encouraging Words and Strongfamilies.com*

«De manera magistral, Leslie Vernick combina las eternas verdades
bíblicas con perspectivas frescas y aplicaciones prácticas. Este libro
bendecirá a todos los que buscan la transformación de sus mentes y
corazones».

DRA. SANDRA D. WILSON
Profesora invitada del Trinity Evangelical Seminary
Autora de *Released from Shame*

«Este libro es una lectura obligada para los trabajadores cristianos que
conduzcan ministerios de consejería y discipulado en sus iglesias. Su
enfoque práctico y a la vez bíblico, sencillo y a la vez profundo, nos
ayuda a comprender nuestros problemas humanos y a usarlos a fin de
que nos ayuden a cambiar y a crecer espiritualmente. Es una alternativa
refrescante ante la inundación de literatura de sicología popular de
autoayuda».

DR. KEVIN D. HUGGINS
Autor de *Parenting Adolescents*
Profesor de consejería cristiana
Philadelphia College of Bible Graduate School

1

«Con cordialidad y la percepción de una terapeuta, Leslie Vernick insta amablemente al lector a enfrentar la verdad, aunque sea difícil, pero que transforma la vida. Guía al lector a través de un programa factible y práctico para el crecimiento personal y el cambio, a la vez que lo inspira con un discernimiento penetrante».

GARY THOMAS
Profesor adjunto de *Western Seminary*, Portland, Oregón
Autor de *Sacred Marriage: Celebrating Marriage As a Spiritual Discipline*

«El estilo con el que escribe Leslie Vernick es el de una consejera y maestra sensible. Usa la verdad bíblica como la base para su Principio de la VERDAD e ilustra cada uno de los pasos de manera tal que los lectores logren formarse un concepto de cómo usar el principio en sus vidas. Como maestro, veo en este libro una herramienta de enseñanza práctica y productiva».

DR. DONALD MACCULLOUGH
Vicepresidente académico
Philadelphia College of Bible Graduate School

«Leslie no solo afirma que abrazar la verdad es la puerta hacia la madurez personal y espiritual, sino que expone de una manera clara y práctica cómo lo logramos al lidiar con los problemas de la vida. Historias en abundancia nos ilustran de manera vívida los principios básicos del modelo. El resultado es un libro que será de muchísima ayuda para cualquiera que esté dispuesto a escuchar y a abrazar el mensaje».

DR. GLEN SHELLRUDE
Decano académico del *Alliance Biblical Seminary*
Manila, Filipinas

«Este libro da resultado. No es una reparación rápida que ofrece soluciones superficiales y temporales. Es una guía práctica para el cambio genuino que proviene del corazón. Este libro también nos da trabajo. Sin embargo, de alguna manera, con la tutela gentil, sabia y personal de Leslie se parece a una maravillosa caminata con una buena amiga».

ED WELCH
Director de Consejería, The Christian Counseling and Education Foundation
Autor de *When People Are Big and God Is Small*

Cómo vivir... cuando todo se viene abajo

LESLIE VERNICK

EDITORIAL UNILIT

SEPA
Spanish
Evangelical
Publishers
Association

Publicado por
Editorial Unilit
Miami, Fl. 33172
Derechos reservados

© 2005 Editorial Unilit (Spanish translation)
Primera edición 2005

Publicado en inglés con el título:
How to Live Right When Your Life Goes Wrong
por WaterBrook Press
2375 Telstar Drive, Suite 160
Colorado Springs, Colorado 80920.
© 2003 por Leslie Vernick
Todos los derechos resevados.

Originalmente publicado en inglés con el título:
The TRUTH Principle © *2000 por Leslie Vernick*

Publicado en español con permiso de WaterBrook Press,
una división de Random House, Inc.
WATERBROOK y el logotipo con el diseño del ciervo son marcas registradas de
WATERBROOK PRESS, una división de Random House, Inc.

Traducción: Cecilia Romanenghi de De Francesco
Fotografía de la portada por: Photodisc

Ninguna parte de esta publicación podrá ser reproducida, procesada en algún sistema
que la pueda reproducir, o transmitida en alguna forma o por algún medio elec-
trónico, mecánico, fotocopia, cinta magnetofónica u otro, excepto para breves citas
en reseñas, sin el permiso previo de los editores.

A menos que se indique lo contrario, las citas bíblicas se tomaron de *La Santa Biblia
Nueva Versión Internacional* (NVI). © 1999 por la Sociedad Bíblica Internacional.
Las citas bíblicas señaladas con RV-60 se tomaron de la Santa Biblia, Versión Reina
Valera 1960. © 1960 por la Sociedad Bíblica en América Latina.
Usadas con permiso.

Producto 496775
ISBN 0-7899-1226-0
Impreso en Colombia
Printed in Colombia

A mis padres

RICHARD Y ALICE BERG

Contenido

PRIMERA PARTE
¿QUÉ NOS MOTIVA A CAMBIAR NUESTROS CAMINOS?

CAPÍTULO UNO

SEGUNDA PARTE
EL PRINCIPIO DE LA VERDAD

CAPÍTULO DOS

CAPÍTULO TRES

CAPÍTULO CUATRO

CAPÍTULO CINCO

CAPÍTULO SEIS

TERCERA PARTE
EL SENDERO HACIA LA MADUREZ
ESPIRITUAL Y EL CAMBIO DURADERO DEL CORAZÓN

RECONOCIMIENTOS

El autor de un libro es solo una parte de la historia. En mi caso, he tenido a muchos que me han ayudado, sabios mentores, personas que me han dado aliento y amigos que han orado por mí y han contribuido a mi desarrollo personal y profesional a lo largo de los años. Sin su influencia, este libro no habría sido posible.

Gracias, papá, por demostrarme el amor *hesed* o «amor fiel». Me enseñaste a no darme por vencida y, a pesar de mi rebelión, me buscaste porque era tu hija. Mamá, gracias por mostrarme el amor *ágape* o «amor incondicional». Durante los primeros años de la adolescencia no me hacía querer, sin embargo, tu perseverancia, proveniente de tu amor hacia Dios, conmovió mi alma y estoy agradecida para siempre.

Howard, creías que podía escribir un libro mucho antes de que siquiera pensara en que podía hacerlo. Tu amor y apoyo me han ministrado sanidad a lo largo de nuestros veinticinco años juntos. No solo soportaste la tensión cuando estaba bajo la presión de llegar a las fechas de entrega, sino que jamás te quejaste. Ryan y Amanda, ustedes también han sido de aliento y han tenido paciencia, en especial cuando parecía que la Navidad de 1998 sería algo mucho menor que nuestras tradicionales celebraciones familiares. Gracias.

Theresa Cain, bendita seas por orar fielmente por mí, por mi ministerio y mi familia a lo largo de los años. Sin duda, eres un alma gemela y una maravillosa amiga. Un agradecimiento especial para Dave y Barb Schindler. Fueron muy amables al permitirme usar su casa de la playa a fin de pensar, orar y escribir.

A mis maestros y mentores de Christian Counseling and Educational Foundation (CCEF): Muchísimas gracias por enseñarme a pensar de manera bíblica y a mirar siempre la vida desde el punto de vista de Dios. Tengo una deuda con ustedes por desafiarme y alentarme a mantenerme fiel a la verdad. Un agradecimiento especial para Ed Welch de CCEF, Lowell Hoffman, Glenna Dameron y Georgia Shaffer por sacar tiempo de sus ocupadas agendas para leer el primer borrador de mi manuscrito y por ofrecerme sugerencias constructivas y ayuda. Todos ustedes fueron de inmenso aliento a través del proceso de escritura.

También quiero agradecer a mi grupo de apoyo de consejeros, en especial a Sue Reilley, Christopher Zang, Glenna Dameron y Sandy Plummer. Sin su apoyo y oraciones fervientes, este sueño nunca se habría convertido en realidad. También estoy agradecida a CLASS (Christian Leaders and Speakers Services) por presentarme al mundo editorial y brindarme con generosidad su sabiduría.

Muchos son los pacientes que han enriquecido mi vida y me han enseñado a caminar en la verdad. Su compromiso para encontrar a Dios en medio del dolor ha sido una inspiración para mí. Gracias por permitirme formar parte de su travesía.

A Erin Healy, mi editora: Gracias por la crítica constructiva, el gran aliento y tu suave tacto. Convertiste un proceso intimidante en algo que jamás hubiera imaginado que se podía disfrutar.

Y con todo mi corazón, Señor, estoy muy agradecida a ti por poner este libro en mi mente, por hacerlo trabajar en mi corazón y por traerlo a buen término.

INTRODUCCIÓN

No tengo yo mayor gozo que este,
el oír que mis hijos andan en la verdad.
3 JUAN 4, RV-60

Durante largo tiempo en mi experiencia cristiana, no sabía lo que era andar en la verdad, en especial cuando la vida se tornaba difícil. De vez en cuando, volvía a comprometerme para intentarlo con mayor fuerza, pero mis esfuerzos nunca eran constantes. Sabía lo que la Biblia dice y cómo se supone que debe cambiarme, pero seguía tratando de llevar una vida cristiana sin cultivar de manera profunda mi relación con el único que es la Verdad.

Cuando vamos a Cristo en busca de salvación, Él nos da el privilegio de convertirnos en parte de su familia y de experimentar la vida de una manera nueva por completo. Sin embargo, me temo que en lo profundo del corazón de muchas personas, las cosas no cambian tanto después de la salvación. Seguimos luchando con los mismos pecados, los mismos problemas, los mismos temores y las mismas heridas. El tiempo personal que pasamos con Dios parece más una obligación, una tarea, algo que debemos marcar en nuestra lista de cosas pendientes, que un tiempo en el que nutrimos y refrescamos nuestra alma.

En dieciocho años de aconsejar a cristianos heridos, he descubierto que muchos se cansan en el camino que conduce hacia una madurez cristiana más profunda. Algunos pasan por ciclos en los que se dan por vencidos, disfrutan la gran vida y luego, cuando sienten convicción de pecado, intentan con mayor fuerza volver al ideal. Aun así, el cambio nunca parece durar mucho. Otros no han captado la idea de que convertirse en cristiano debe ser algo que impacte su forma de pensar, de sentir y de actuar. A estas personas les encanta la teología de «una vez que he sido salvo, soy salvo para siempre», pero están ajenos del todo a las palabras más duras de Jesús que nos dicen que si lo amamos, obedeceremos sus mandamientos. Le pregunté a un hombre que aconsejaba cómo era su relación con Jesús. Me dijo: «Fui salvo cuando era un niño y eso es todo lo que necesito». Cuando indagué para ayudarlo a ver si había algo más en su vida de cristiano, me miró sin expresión en el rostro y me dijo: «Mis padres me enseñaron cómo se debe creer y yo lo hago».

A diferencia de este hombre, muchos buscamos una relación más profunda y estrecha con Cristo. Anhelamos la intimidad que el salmista David tenía con Dios. Deseamos el cambio de vida que experimentó el apóstol Pablo y el poder del Espíritu Santo que operaba en él. No nos conformamos con el simple conocimiento de las cosas buenas que debemos creer; en cambio, deseamos verlas obrar en nuestra vida de manera práctica y real, en especial cuando todo se viene abajo. Nos preguntamos por qué no llevamos mucho fruto espiritual o de qué manera podemos colaborar más plenamente con Dios en el proceso de alcanzar la madurez.

A pesar de la abundante disponibilidad de libros de autoayuda y de materiales de estudio bíblico, a muchos de nosotros nos resulta difícil poner en práctica lo que aprendemos y realizar esa larga travesía que va de la mente al corazón para cambiar. Cuando las respuestas que damos frente a las pruebas diarias de la vida carecen de la madurez cristiana que deseamos, vemos con frustrante claridad cuánto camino nos queda por recorrer. ¿Será posible alcanzar un cambio más profundo y permanente en el corazón, incluso cuando todo se venga abajo a nuestro alrededor?

Sí. A lo largo de todo este libro se encuentra entretejido un modelo práctico, sencillo de comprender y fácil de recordar para saber cómo vivir cuando todo se viene abajo: el Principio de la VERDAD. Esta sencilla sigla nos ayudará a recordar pasos específicos que debemos dar a fin de que nuestra fe sea una realidad más sincera, en especial cuando la vida es difícil. Nos enseña *cómo* andar en la verdad al profundizar nuestra relación con Jesús al aprender a practicar su presencia. Cada paso del Principio de la VERDAD se ilustra con enseñanzas específicas y aplicaciones para tener una relación más íntima con Cristo y un cambio de corazón más permanente (aunque no perfecto). Al aplicarlo cada día a tu vida:

- Obtendrás una nueva perspectiva con respecto a los *Problemas* que Dios permite en tu vida.

- Llegarás a comprender mejor tu *Respuesta* a esas pruebas.

- Descubrirás los *Ídolos subyacentes* que obstaculizan tus esfuerzos por cambiar.

- Aprenderás cómo discernir la *Verdad* de la Palabra de Dios.

- Comenzarás a desarrollar una *Respuesta del corazón* que te acercará más a Dios.

Yo también me encuentro en el camino de aprender a vivir cuando todo se viene abajo. No siempre lo he hecho bien, pero me encuentro en el proceso de andar en la verdad y practicar la presencia de Dios. A lo largo de toda esta travesía, Dios desea transformarnos, hacernos participantes de su naturaleza divina (Hebreos 12:10), y así parecernos más a Jesús.

Él les prometió a sus seguidores: «Conocerán la verdad, y la verdad los hará libres» (Juan 8:32). Jesús es la Verdad. Conocerlo nos hace libres. ¿Libres de qué? De nosotros mismos: de las ataduras del viejo hombre, de nuestro ego falso, de la persona que hemos creado. Entonces tenemos libertad para convertirnos en la verdadera persona que somos, nacida en semejanza de Dios.

Cómo vivir... cuando todo se viene abajo describe el proceso de «andar en la verdad», de la restauración de la imagen de Dios en nosotros. Se produce a través de nuestra unión y relación con aquel que es la Verdad y el Amor.

¡Transformación! Eso es lo que se nos promete a los que decimos conocer a Dios. No solo en nuestra mente, sino en nuestro corazón, y este cambio comienza con este conocimiento.

Primera parte

¿QUÉ NOS MOTIVA A CAMBIAR NUESTROS CAMINOS?

CAPÍTULO UNO

LAS REGLAS NO NOS CAMBIAN, LAS RELACIONES SÍ

Dios mío, me has ayudado a ver [...] que la bendición no radica tanto en recibir el bien de ti y en ti, sino en adorar de continuo tu gloria y virtud: que es algo asombroso ver a la Deidad en una criatura que habla, actúa, se llena y brilla a través de ella; que no hay nada bueno fuera de ti, que me encuentro cerca del bien cuando estoy cerca de ti, que ser como tú es algo glorioso: esto es lo que me atrae con magnetismo singular.

VALLE DE LA VISIÓN

Cuando tenía catorce años, mi vida cambió en forma radical. Hasta entonces vivía en Chicago. Era la mayor de tres hijos y vivíamos con nuestra madre en un apartamentito de un dormitorio en la parte norte de la ciudad. Dormía en el sofá y mis hermanos en el suelo.

Mamá era alcohólica y tenía muchos problemas emocionales. Casi no nos supervisaba. A los catorce años, eso me parecía grandioso. Podía hacer lo que quería. No había nadie que me dijera lo que debía hacer, no había otra regla más que: «No te interpongas en el camino de mamá».

Entonces sucedió lo inimaginable. A mi padre le concedieron la custodia de nosotros. Luego del divorcio, mi padre entregó su vida a Cristo, se volvió a casar y se mudó a los suburbios de Chicago. Conocía el comportamiento de mi madre y durante años le había pedido al tribunal que le diera la custodia, pero nunca ganó. Esta vez lo logró.

Tuve que mudarme y en su casa había reglas. Muchas reglas. No podíamos ir al cine ni a las fiestas. No podíamos jugar a las cartas. Debíamos asistir a la iglesia dos veces el domingo y una vez durante la semana. Teníamos que ir con regularidad a la escuela y hacer los deberes. Teníamos tareas que hacer y no podíamos usar el teléfono cuando se nos antojaba.

Había otras reglas, pero no las recuerdo todas. Lo que sí recuerdo es que me enojaba, muchísimo, y tenía un corazón tan frío como las piedras de Alaska. No me gustaban todas las reglas y en especial no me gustaba que me impusieran todo este asunto de Dios.

Sin embargo, también recuerdo algo más. Mi padre y mi madrastra eran pacientes conmigo. Entendían que atravesaba un cambio drástico. Recuerdo las explosiones que tenía y su bondad cuando hubiera merecido un castigo. Puedo recordar que mi madrastra me llevó de compras a buscar ropa nueva para la escuela ya que llegué solo con lo que tenía puesto. No olvido que comía tres veces al día (algo que no me parece haber vivido antes) y hasta tenía meriendas en horarios regulares.

Recuerdo sus oraciones, y sobre todas las cosas su amor, que comenzó a derribar la pared de piedra que había construido alrededor de mi corazón. Fue su amor, no sus reglas, lo que comenzó a influir en mi vida. Es verdad, las reglas me ayudaron a tener cierta estructura, pero mi corazón no respondía a las reglas, sino al amor que había detrás de ellas.

¿Alguna vez alguien ha influido de manera significativa en tu vida? ¿Te ha hecho cambiar de rumbo? Tal vez una maestra, un entrenador, un buen amigo o un mentor. A lo mejor fue tu cónyuge o hasta tus padres. Si es así, es como debe ser. Dios nos hizo seres sociables y las relaciones interpersonales influyen en nosotros y nos transforman de manera significativa.

Los sicólogos y consejeros han sabido por años que el ingrediente más importante para una terapia exitosa es una buena relación. Un estudio tras otro confirma que hay muchos modelos terapéuticos diferentes que pueden ser eficaces al aconsejar a alguien, pero que sin una buena relación no se puede ayudar al paciente. Como consejera, puedo tener grandes habilidades y toda la información necesaria para ayudar a alguien, pero si esa persona no confía en mí o no se puede relacionar conmigo, nunca produciré un impacto positivo en su vida.

Me temo que los cristianos perdemos a veces el camino hacia la madurez espiritual porque nos concentramos más en los deberes de la fe que en nuestra relación con Jesús. Entendemos el cristianismo como algo «contractual en lugar de personal»[1]. Pensamos que si confesamos nuestros pecados obtenemos perdón y vida eterna. Es así, pero Jesús nos ofrece algo más que el perdón. Ahora tenemos una relación personal e íntima con Él en la cual nos llama su familia y sus amigos.

Durante mucho tiempo me conformé con ser salva y con asegurarme que mi doctrina fuera la adecuada. Los devocionales, cuando los tenía, consistían en leer la Biblia para buscar qué se esperaba que hiciera u obedeciera. No conocía a Dios de manera profunda ni íntima. Cuando era sincera conmigo misma, tenía que admitir que no experimentaba el gozo del Señor ni la voz de Dios hablándome a lo más profundo de mi corazón (había escuchado a otros cristianos hablar de estas experiencias). Conocía las cosas buenas que debía creer, y las «creía», pero mi creencia nunca traía como resultado ningún cambio significativo de corazón. Era la misma persona que luchaba una y otra vez con los mismos pecados.

A través de los años, he aprendido que ser salvo es mucho más que obtener un boleto para ir al cielo. Jesús lo explicó cuando dijo: «Esta es la vida eterna: que te *conozcan* a ti, el único Dios verdadero, y a Jesucristo, a quien tú has enviado» (Juan 17:3, cursiva añadida). La tarea de conocer a Dios comienza ahora y dura toda la eternidad. Nunca lo conoceremos del todo porque es infinito. No obstante, conocer a Dios nos transformará, pues no podemos encontrarnos con el eterno YO SOY y seguir siendo los mismos.

En mi travesía para conocer a Dios he tomado muchos senderos que pensaba que me llevarían a una mayor intimidad con Él. Como una nueva cristiana en los últimos años de la adolescencia y en los primeros de la juventud, al igual que un niño con sus padres, me relacionaba casi siempre con Dios para pedirle cosas. Oraba para que sucedieran cosas buenas y para que las malas dejaran de suceder. Al ir madurando, le pregunté a Dios cosas más espirituales. Deseaba el fruto del Espíritu y los dones del Espíritu Santo. Luego anhelaba experiencias con Dios. Deseaba ver milagros. Quería sentir el poder del Espíritu Santo en mi vida. A lo largo de toda esta travesía, mis oraciones eran monólogos. Le hablaba a Dios y le decía lo que quería y necesitaba, pero no me tomaba el tiempo para escucharlo, para permitirle que se revelara a mi corazón.

Hace poco, Dios me mostró esto a través de mi hijo que se encontraba lejos de casa en la universidad. Durante una típica conversación telefónica, Ryan me hacía pedidos de dinero y de otras cosas que necesitaba cuando, de pronto, se detuvo y me preguntó: «Mamá, ¿cómo te va?». Casi se me cae el auricular de la mano. Su pregunta marcó un cambio radical en nuestra relación. Ya no era una madre que solo proveía para las necesidades de su hijo; era una persona que tenía una relación con otra persona que se preocupaba por mí. Me sentí muy bien.

En estos días, mis oraciones han cambiado. Ya no pienso en la oración como en la presentación de mi lista de necesidades o deseos a Dios para esperar que luego me responda que sí o que no. Ya no oro pidiendo experiencias espirituales (aunque me encantaría tenerlas). Más que cualquier otra cosa, deseo conocer la persona de Dios. Además de disfrutar de sus dones, deseo conocer al dador. Como oraba el apóstol Pablo: «A fin de conocer a Cristo» (Filipenses 3:10). Mi vida de oración ha pasado de ser una manera de obtener respuestas de Dios a una manera de conocer a Dios.

Sin embargo, ¿de qué manera? ¿Qué se necesita para conocerlo, para andar íntimamente con Él?

CONOCER A DIOS IMPLICA CONVERSAR CON ÉL Y ESCUCHARLO

Para conocer a Dios de manera íntima se requiere una relación en la que haya una comunión entre personas. El patriarca Abraham lo hacía mediante el diálogo. Lo mismo sucedió con Moisés, Jacob, David, Elías, Pablo, Pedro y Jesús. Somos criaturas de conversación; esa es la manera en que llegamos a conocer a alguien. Construimos las relaciones mediante el diálogo íntimo.

Es difícil sentirse cerca de alguien si no existe una conversación significativa entre los dos. Algunas parejas vienen a mí en busca de consejo porque uno de los cónyuges «no habla» y el otro se siente infeliz. Si los dos se hablan, lo hacen principalmente para preguntar qué hay de comer, quién debe llevar a los niños a la clase de piano o si el otro puede pasar a recoger la ropa de la lavandería.

Nuestras conversaciones con Dios también pueden ser superficiales. No derramamos de verdad nuestro corazón delante de Él ni escuchamos lo que tiene que decirnos. Algunas veces nuestras oraciones no son más que pedirle a Dios que haga esto o aquello por nosotros. La Biblia describe a Moisés, uno de los amigos íntimos de Dios, como uno que conocía los caminos de Dios, en tanto que Israel (que tenía una relación más superficial con Dios) solo buscaba lo que hacía Dios (Salmo 103:7). Oswald Chambers dice que «la idea de la oración no es obtener respuesta de Dios; la oración es unidad perfecta y completa con Él»[2].

La comunión, que se expresa a través del diálogo íntimo, es la manera clave de conocer mejor a Dios. ¿Alguna vez te diste cuenta en Génesis de que Abraham le hacía preguntas a Dios? ¿Cuáles son las preguntas de tu corazón para Dios? La oración es un diálogo, no un monólogo. Cuando le haces las preguntas de tu corazón, ¿esperas que te responda?

Si eres como yo, detestas esperar. Llevamos libros en el auto para que si nos topamos con un atascamiento en el tránsito no nos aburramos. Nos exasperamos cuando tenemos que esperar en una fila, cuando tenemos que esperar en el teléfono o cuando tenemos que esperar a un amigo que se retrasa. También nos resulta difícil esperar el tiempo de Dios. En nuestras vidas aceleradas, la espera parece una tremenda pérdida de nuestro valioso tiempo. Aunque, por lo general, es en el parto de la espera que nace la confianza.

Oswald Chambers dijo que una señal de que dos personas son verdaderos amigos íntimos es que no se cuentan las penas, sino los secretos[3]. ¿Conoces los goces secretos de Dios? Durante el tiempo de oración, ¿arrimas tu oído al corazón de Dios o solo deseas descargar el tuyo?

PARA CONOCER A DIOS ES NECESARIO DISCERNIR SU VOZ

Nos resulta difícil escuchar. La mayoría de nosotros pasamos mucho más tiempo hablando que escuchando con atención a la gente. La próxima vez que converses con tu cónyuge o con un amigo, pregúntate: «¿Concentro toda mi atención en escuchar, pienso con antelación en la próxima oración que diré o me distraigo con otras cosas que debo hacer?». Cuando Ryan era pequeño y no lo escuchaba con atención, me tomaba las mejillas con sus manitas regordetas y se me acercaba hasta estar nariz frente a nariz y decía: «¡Mamá, tienes que escucharme ahora!».

Si el solo hecho de escuchar es difícil, escuchar la voz de Dios es mucho más difícil. Casi siempre nos damos cuenta de que le prestamos más atención a las voces competitivas del mundo, de la carne y del diablo. Todas compiten por nuestro oído. Algunas veces parece que su volumen es mucho más alto que la voz de Dios. Debemos aprender a acallar las voces competitivas y a escuchar la suave vocecita de Dios.

Cuando éramos niños, muchos de nosotros jugábamos a un juego en el cual nos vendaban los ojos, nos hacían girar tres veces y luego nos señalaban un lugar al que debíamos llegar con los ojos vendados. Las voces de los otros niños gritaban para orientarnos hacia dónde ir.

«Muévete hacia la derecha», gritaba una voz.

Otra gritaba: «¡No! Párate, gira por completo a la izquierda». Algunas de las voces trataban a propósito de distraer y confundir a la persona que tenía los ojos vendados para que no alcanzara su objetivo. Por lo general, un amigo leal entre los demás trataba de darnos pistas más precisas. Tarde o temprano, la persona con los ojos vendados debía decidir en cuál voz debía confiar y cuáles eran las voces que lo distraían y que no debía sintonizar. Sin poder ver, debía acercarse paso a paso hacia su destino con la esperanza de no haberse desviado. Cuando le quitaban la venda, descubría si había confiado en la voz adecuada.

Teresa[4], una antigua paciente, luchaba a diario con sentimientos de inferioridad y de duda. Estos sentimientos la perseguían sin cesar, incluso siendo cristiana. Las voces interiores se burlaban haciéndole creer que la gente no quería ser su amiga, que no servía para la obra de Dios y que no tenía nada de valor que ofrecerle a los demás. Estas voces de duda e inferioridad siempre le resultaban mucho más fuertes y audibles que la voz de su Padre celestial que siempre deseaba reafirmarle su amor y el valor que tenía. Entonces, a medida que se familiarizaba cada vez más con el sonido de la voz que le susurraba palabras de verdad, comenzó a pararse más erguida y aquellas voces burlonas comenzaron a perder poder sobre su vida.

Jesús nos dice: «Mis ovejas oyen mi voz» (Juan 10:27). ¿Cómo suena la voz de Dios para ti? ¿Es dura y condenatoria? ¿Es una voz que dice: «Buen intento, pero nunca lo lograrás»? Algunas veces confundimos la voz de Dios con nuestras propias voces internas (nuestra carne) o con la de nuestro acusador: el mentiroso Satanás. En el caso de Teresa, las voces interiores se burlaban de sus puntos débiles y le mentían en cuanto a su valor. Durante algún tiempo pensó que escuchaba la voz de Dios que expresaba su enojo y descontento hacia ella. Cuando profundizó su relación con Él, se dio cuenta de que las voces burlonas y críticas dentro de su cabeza no provenían de Dios. El próximo paso fue decidir no escuchar esas voces y dejar de creerles para que no la desviaran.

A diferencia de Teresa, Juan se palmeaba la espalda a sí mismo y se decía que Dios debía estar muy satisfecho con él. Después de todo, hacía muchas cosas grandiosas para el reino de Dios. Sin embargo, esta no era la voz de Dios, sino la de sus pretensiones de superioridad moral.

Otra voz conocida es la autocompasión. Nos dice algo así: «Has tenido un día (o una vida) difícil. Nadie entiende lo duro que es para ti. ¿Cómo se puede esperar que madures y obedezcas a Dios? ¡No es justo!».

La voz de la autocomplacencia es otra compañera frecuente. Nos dice: «Mereces ser feliz. Adelante, no le harás daño a nadie». Y casi todos reconocemos la voz tirana de la condenación propia: «¡Miserable fracaso! De verdad, lo echaste a perder. ¿Quién te piensas que eres?».

No te desvíes. Estas voces no son la voz de Dios. Para profundizar nuestra relación con Él es necesario que lleguemos a reconocer su voz y que aprendamos a acallar aquellas que nos distraen o nos mienten. Estudiar los Evangelios y meditar en la voz de Jesús nos enseña a saber cómo es la voz de Dios, ya que la Biblia nos dice que Jesús es la exacta representación de la naturaleza de Dios (Hebreos 1:3). De esta manera, podemos conocer cuál es el sonido de la voz de Dios. Es del todo confiable y siempre es para nuestro bien. Su voz es amorosa, tierna, pura, correctiva, consoladora, instructiva, alentadora, sanadora y nos convence de pecado. Dios nos habla a través de su Palabra, de su Espíritu y de su pueblo. A medida que nos habla, revela las verdaderas motivaciones de nuestro corazón, nuestras verdaderas actitudes, creencias y sentimientos, y de manera amorosa nos insta a la acción.

Jamás olvidaré un momento en particular cuando experimenté la voz de Dios que me hablaba de una manera poderosa. Me preparaba para un viaje a Manila, en Filipinas, a fin de enseñarle a los consejeros y maestros algunas habilidades específicas de consejería. Nunca antes había salido de los Estados Unidos, a no ser por unas vacaciones que pasé en Cancún, y ahora estaba a punto de cruzar el mundo yo sola. Estaba ansiosa; para ser más precisa, aterrorizada. Me sentía incompetente y abrumada. Las voces internas parloteaban sin parar y me decían que no era competente como para enseñar y que no estaba preparada espiritualmente para una tarea tan grande. También escuché la voz del enemigo que procuraba recordarme en detalles todas mis faltas y pecados.

Recuerdo que estaba frente a mi fotocopiadora y sollozaba: «Dios, no puedo ir. Escoge a otro para esta tarea». Fue en medio de esta tormenta interna que Dios se abrió paso con su rayo de luz y de verdad. Le recordó a mi espíritu que siempre estaría conmigo (Deuteronomio 31:6). También me dijo que era verdad que no era competente para la tarea que tenía frente a mí, así como Pablo había dicho en 2 Corintios 3 que él no lo era, pero que mi competencia vendría de Dios. Me dijo que este viaje sería una oportunidad para que dependiera de Él y confiara en Él. A medida que su vocecita suave penetraba en mi corazón con la verdad, sentía que se renovaban mis fuerzas. Me sequé los ojos y pude seguir adelante en fe, creyendo y confiando en Dios de manera más profunda de lo que nunca antes lo había hecho.

PARA TENER INTIMIDAD CON DIOS DEBEMOS VALORAR LO QUE ÉL DICE

Una pareja discutía en mi oficina. «Él jamás escucha lo que le digo», lloraba la mujer.

«Escucho a la perfección lo que me dice», retrucó él. «¡Solo creo que no es muy importante!»

Estas sencillas oraciones revelaban mucho sobre la calidad de su relación. *No me extraña que estén aquí en busca de consejería*, pensé. *Necesitan esforzarse bastante.*

Nunca experimentaremos a Dios de una manera más profunda si no valoramos y creemos lo que nos dice. Para escuchar a Dios se necesita algo más que reconocer lo que dice. Debemos valorar lo que dice y pensar que es importante. Además, necesitamos guardarlo en lo profundo de nuestro corazón y creerlo.

Así como Teresa luchaba con sentimientos de inferioridad e inseguridad aun cuando profesaba conocer el amor de Dios, muchos experimentamos una conmoción interna cuando nuestros sentimientos se oponen a lo que nos dice Dios. Algunas veces la Biblia solo nos suena como palabras huecas. No valoramos lo que dice Él. En definitiva, la realidad es que no le creemos. Tenemos un conocimiento mental, pero carecemos de una fe de corazón. Vivimos de acuerdo a la «verdad» de nuestros sentimientos subjetivos, en lugar de vivir según la verdad de la Palabra de Dios.

La consejera cristiana Sandra Wilson dice: «No siempre vivimos lo que profesamos, pero siempre vivimos lo que creemos»[5]. Estas palabras describen la experiencia de muchos cuando dicen: «Mi mente lo sabe, pero mi corazón no». Siempre viviremos de acuerdo a lo que cree nuestro corazón, no de acuerdo a lo que nuestra mente profesa creer. Una de las travesías más difíciles que jamás emprenderá un cristiano es la que va desde la mente hasta el corazón, o del conocimiento a la confianza.

Betty se encontraba sentada en mi oficina y las lágrimas le corrían por el rostro. «No me siento perdonada», sollozaba. «Después de lo que he hecho, no puedo creer que Dios me perdone y me ame».

Betty profesaba ser cristiana, pero en su corazón creía que el pecado cometido era tan grande que no se podía perdonar. Aunque sabía que Jesús murió para perdonar los pecados, su corazón no confiaba en esa verdad. Lo que en realidad creía era que a

Dios no le interesaba perdonar su pecado o no podía hacerlo. La creencia de su corazón en que no había perdón para ella y que a Dios no le interesaba perdonarla, anulaba el conocimiento de su mente en cuanto al perdón y, por lo tanto, no podía llevar la vida de una persona que se siente perdonada.

¿Quién gana cuando tus sentimientos o pensamientos compiten con la voz de Dios? ¿Valoras lo que Dios dice y lo crees, no solo en tu mente sino también en tu corazón? El Salmo 119 refleja por todas partes el compromiso del salmista de confiar y creer a Dios incluso en medio de circunstancias difíciles. A Dios le encanta cuando creemos en Él y nuestra relación se hace más profunda cuando valoramos lo que nos dice y le obedecemos. Solo cuando permitimos que la fe y la confianza penetren en nuestra vida interior, esta puede comenzar a cambiar.

PARA CAMINAR ÍNTIMAMENTE CON DIOS
DEBEMOS OBEDECERLE

Dios desea que le conozcamos. Conocer a Dios implica que le oigamos, le escuchemos y le obedezcamos. Algunas veces pensamos que obedecer a Dios es apretar los dientes y seguir sus reglas. Sin embargo, Jesús no desea la conformidad externa ni el compromiso intelectual con la ortodoxia, así como los padres no desean hijos que sean robots. Desea que lo amemos y confiemos en Él rindiéndole de forma voluntaria nuestra voluntad. La obediencia a Dios siempre trae como resultado nuestro bien supremo y su suprema gloria. En contraposición: «La persona que desea conocer a Dios, pero cuyo corazón no está dispuesto a *obedecerlo*, nunca entrará en los atrios sagrados donde Dios se revela al alma del hombre. Dios no les da conocimiento divino a quienes no tienen deseo de glorificarle»[6].

Jesús nos dice en Juan 14:21 que cuando le obedecemos, demostramos que le amamos. Jesús promete que Dios se dará a conocer más a nosotros en la medida que participemos en el proceso. Nadie entra de golpe en intimidad con otra persona. Se necesita tiempo, compromiso y algunas veces esfuerzo. ¿Tendrías una relación íntima con alguien que no respeta lo que dices, que no te cree, que no se preocupa por saber qué es importante para ti ni que confía en ti? Dios no se revelará a quienes no le interesen las cosas que a Él le interesan o que no estén dispuestos a confiar en su voz y a seguirla.

PARA TENER INTIMIDAD CON DIOS DEBEMOS AMARLE CON TODO NUESTRO CORAZÓN

La reglas no nos cambian, pero una creciente relación con Cristo sí lo hace. El cambio o la madurez en un cristiano se producen mediante una profundización de nuestra intimidad con Jesús, no a través de ciertas reglas o doctrinas que sigamos. Cuando comenzamos a captar el amor que nos tiene, nuestros corazones responden con amor hacia Él. Nos dice que si le amamos, guardaremos sus mandamientos (Juan 14:15). Nuestro amor hacia Él es lo que comienza a mover nuestro corazón hacia la obediencia.

En su libro *Seeking the Face of God*, Gary Thomas dice: «No dejamos de pecar solamente porque se nos disciplina, sino porque hemos encontrado algo mejor»[7]. Dejamos de pecar cuando llegamos hasta el punto de amar a algo más de lo que nos amamos a nosotros mismos o a nuestro pecado.

Jesús le preguntó a Pedro tres veces si lo amaba (Juan 21:15-17). ¿Por qué? Porque sabía que si no lo amaba, Pedro jamás cambiaría ni sería el hombre que Él esperaba que fuera. Lo que cambia nuestro corazón es una relación de amor con Jesús, no la adhesión a ciertas creencias religiosas o doctrinas.

¿Te acuerdas de Mateo, el recaudador de impuestos? ¿Qué amaba? Amaba el dinero, el poder y el prestigio. Cuando se encontró con Jesús, algo cambió en su corazón. Dejó de amar al dinero por sobre todas las cosas. Amó a Jesús por sobre todas las cosas y esto cambió de manera radical la forma en que Mateo administraba su dinero. ¿Qué hizo? Le devolvió el dinero a todos los que había estafado.

La mujer junto al pozo amaba a los hombres. A muchos hombres. Entonces, cuando se encontró con Jesús, experimentó lo que era el verdadero amor y se dio cuenta de que el amor de ningún hombre lograría reemplazar el de Dios. Se transformó. ¿Qué sucedió? Su corazón se enamoró de otra cosa que no era la atención de los hombres. Su corazón amó a Jesús y eso cambió por completo su vida.

Un hombre llamado Saulo amaba la ley. Su amor por ella lo llevó a perseguir con celo a los cristianos. Entonces, una luz cegadora le salió al encuentro en su camino a Damasco y Saulo experimentó un cambio radical de corazón. No dejó de amar la ley, pero amó *más* a alguien y este amor transformó por completo su manera de interpretar la ley. Hasta su nombre cambió, se convirtió en Pablo.

Por otra parte, a los fariseos les gustaba tener la razón. Les encantaba tener autoridad y ser expertos en los tecnicismos de la ley. Aun así, sus corazones eran fríos y sus vidas precarias. Jesús los describió como sepulcros blanqueados, llenos de muerte por dentro. Dijo: «Este pueblo me honra con los labios, pero su corazón está lejos de mí. En vano me adoran; sus enseñanzas no son más que reglas humanas» (Mateo 15:8-9). Estaban tan concentrados en las reglas que se perdieron la oportunidad de disfrutar de la relación que les ofrecía Cristo.

Solo podemos amar a Dios hasta el punto de conocer y creer el amor que tiene por nosotros. Mi buena amiga Georgia de York, Pensilvania, me contó que durante el trasplante de médula que le hicieron para combatir el cáncer de mama, tuvo una imagen muy clara en la que vio que la arrojaban a los brazos de Jesús, que Él la llevaba cuando estaba demasiado débil como para caminar por sí misma. Cuenta que experimentó de una manera profunda su amor y cuidado y que en su corazón respondió con una arrolladora sensación de gratitud por el amor tierno y especial de Jesús. Las Escrituras nos enseñan que amamos a Jesús como respuesta, pues Él nos amó primero (1 Juan 4:19). Es esta unión, cuando moramos en Él y Él en nosotros, la que comienza a producir cambios en lo más profundo de nuestro ser: nuestro corazón. Aquí es donde comenzamos a incorporar el carácter de aquel que amamos; aquí se imprime la naturaleza de Cristo en nosotros.

EL AMOR A DIOS NOS CAMBIA DE ADENTRO HACIA FUERA

El proceso de crecimiento personal, de la madurez cristiana y de parecernos cada vez más a Cristo comienza con las semillas de amor sembradas en nuestro corazón. Cristo usó muchas veces la metáfora de la vida del huerto como una herramienta para la enseñanza. Un manzano no puede dar higos, ¿no es así? ¿Por qué no? Porque la esencia misma del manzano se define por sus raíces, que son de manzano y no de higuera. Las manzanas son el fruto natural de las raíces. Nunca llegaremos a parecernos a Cristo ni tendremos el fruto del Espíritu en nuestra vida si nuestras raíces son poco profundas, sin desarrollo, están enfermas o pertenecen a otra categoría.

¿Cuáles son las raíces de la vida cristiana? Las raíces son el amor. Jesús nos dice que no podemos dar fruto si no estamos arraigados en Él (Juan 15). Así como una rama es en esencia y naturaleza como la vid de la cual se alimenta, debemos reflejar la imagen de Dios y Él es amor. El Señor nos dice que cuando le amamos, le obedecemos. Las reglas no traen la obediencia del corazón, pero el amor sí.

Pablo ora en Efesios 3 «que, arraigados y cimentados en amor, puedan comprender, junto con todos los santos, cuán ancho y largo, alto y profundo es el amor de Cristo; en fin, que conozcan ese amor que sobrepasa nuestro conocimiento, para que sean llenos de la plenitud de Dios» (vv. 17-19). En el mundo físico, los frutos y las flores son el resultado natural de raíces fuertes y sólidas. Como cristianos, nunca desarrollaremos ninguna clase de fruto espiritual si no estamos arraigados y cimentados en amor, tanto en el amor *de* Dios como en el amor *hacia*

Dios. Como sucede en la naturaleza, cuanto más sanas estén las raíces, más abundante será el fruto. Me temo que como cristianos hemos pasado demasiado tiempo tratando de cultivar el fruto del Espíritu en nuestra vida y no le hemos prestado suficiente atención a las raíces.

Este cambio en el corazón y en la vida de un cristiano es permanente, pero eso no quiere decir que sea perfecto. Cuando me casé, muchas cosas en mi vida cambiaron en forma permanente. Cambió mi apellido, mi dirección, mi manera de dormir y mi estado civil. Además de estos cambios externos, comencé a cambiar en mi interior. Ya no actuaba como una mujer soltera. Las necesidades de otra persona habían llegado a ser al menos tan importantes como las mías; pero no cambié porque se suponía que debía hacerlo. Cambié porque amaba a mi esposo y deseaba agradarlo. El matrimonio fue un compromiso externo del amor que había dentro de mi corazón.

Algunas veces, en especial cuando estoy enojada o me siento herida, pienso solo en mí y no en mi esposo. En estas ocasiones actúo como una persona egoísta, pero nunca como una persona soltera. El cambio se ha producido en mí a través de los veinticinco años de casados debido al amor que nos tenemos y a nuestra relación especial. El compromiso de amar a mi esposo incluso cuando sea difícil está basado en un acto de mi voluntad en vez de basarse en una emoción o en un sentimiento. Lo mismo sucede con Dios. En nuestra relación con Él experimentamos momentos de intensa cercanía emocional en los que Dios parece tan real que estamos del todo seguros de que nada importa en la vida a no ser por el momento de intimidad que pasamos con Él. Otras veces andamos por fe y el compromiso, sin importar lo que nos digan en ese momento los sentimientos.

La vida de la madre Teresa estuvo marcada por el amor. Su amor hacia Jesús la transformó y emanó de ella hacia los demás. A menudo decía: «No hago grandes cosas, hago cosas pequeñas con un amor grande»[8]. Las palabras que dijo al morir fueron: «Jesús, te amo. Jesús, te amo»[9].

Aunque este libro habla del cambio, este nunca debe ser nuestro objetivo. Si lo es, perderemos el camino. Nuestra relación con Jesús debe ser siempre el punto de partida y el de llegada de la transformación de nuestro corazón. El principio de la VERDAD nos da una herramienta para ayudarnos a vivir como es debido cuando todo se viene abajo mientras recordamos el mandamiento más importante de todos: «Ama al SEÑOR tu Dios con todo tu corazón y con toda tu alma y con todas tus fuerzas» (Deuteronomio 6:5).

Dios anhela que la gente desee y busque una relación íntima y personal con Él por sobre todas las cosas. Cuando la vida transcurre sin incidentes, por lo general, nos olvidamos de Él. Algunas veces Él interrumpe nuestra vida a fin de captar nuestra atención y recordarnos qué es lo importante y lo verdadero. Para crecer en madurez y llegar a parecernos más a Jesús, debemos comenzar por ver qué es lo que Dios se propone durante los momentos más difíciles y por entender nuestros problemas desde su perspectiva.

Tiempo de reflexión

1. Si Dios te dijera hoy que te concederá el deseo más profundo de tu corazón, ¿qué le pedirías? Para sacarle todo el provecho a esta pregunta, tómate tiempo para responderla antes de seguir leyendo.

   Lo que le pediste a Dios revela lo que te parece que más necesitas. Si pudieras pedirle una sola cosa a Dios con la seguridad de que te la concederá, ¿le pedirías conocerlo mejor? Como cristianos, Dios dice que eso es lo que más necesitamos. Lee Filipenses 3:7-16. Ora con Pablo y di que consideras que todas las cosas no tienen importancia en comparación con conocer a Cristo. Aquí es donde comienza la travesía del corazón.

2. Evalúa con sinceridad tu relación con Dios durante los últimos seis meses. ¿Es cada vez más profunda y estrecha? ¿Lo amas con todo tu corazón, con toda tu mente y con toda tu fuerza? Esto es lo que Dios anhela de ti. ¿Qué es, en tu opinión, lo que obstaculiza esta relación? ¿Qué otras voces escuchas aparte de la de Dios? ¿Qué pasos podrías comenzar a dar esta semana para profundizar tu intimidad con Dios?

3. Considera la posibilidad de comenzar un diario de oración a medida que avanzas en la lectura de este libro. Durante el tiempo de oración, anota tus pensamientos, los versículos, canciones o impresiones que te vengan a la mente. Luego de leer la Palabra de Dios y de escuchar su voz, pregúntate: «¿Creo lo que Dios ha dicho? ¿No solo lo reconozco con mi mente sino que también confío en ello con mi corazón?».

Segunda parte

El principio de la verdad

CAPÍTULO DOS

PROBLEMAS Y PRUEBAS: EL TORNO QUE MOLDEA NUESTRO CORAZÓN

Considérense muy dichosos cuando tengan que enfrentarse con diversas pruebas, pues ya saben que la prueba de su fe produce constancia. Y la constancia debe llevar a feliz término la obra, para que sean perfectos e íntegros, sin que les falte nada.

SANTIAGO 1:2-4

En el embarazo de mi primer hijo, me enteré de que no podríamos tener más hijos. Cuando Ryan nació, desbordaba gratitud, así que no pensé mucho en el futuro, pero cuando cumplió tres años, mi corazón gemía por otro bebé.

En ese entonces, trabajaba como voluntaria en el Centro para la Atención de Crisis en el Embarazo. Un día, una mujer vino para hacerse una prueba de embarazo. El análisis le dio negativo, pero tenía muchas luchas como madre soltera y necesitaba algo de ayuda. Durante los meses siguientes, Sue y yo nos hicimos amigas. Un día, me preguntó por qué no tenía más hijos. Le conté mi historia y me preguntó si había considerado la posibilidad de adoptar.

«Por supuesto», contesté, «pero no es muy fácil encontrar bebés saludables en estos días».

Justo dio la casualidad de que Sue tenía una amiga embarazada que buscaba una familia adoptiva para su bebé. Era soltera, tenía cuarenta años y ya tenía cuatro hijos. *¡Qué situación tan* *perfecta la que planeó Dios!*, pensé. Esta mujer sabía lo que era la maternidad. No era una adolescente idealista. De seguro que si consideraba la adopción, era en serio.

Estaba eufórica y agradecida a Dios. Había visto el clamor de mi corazón y había respondido a mis anhelos de manera milagrosa. Por medio de Sue, me encontré con la embarazada y ella estuvo de acuerdo en que mi esposo y yo adoptáramos su bebé. Me llamaría en cuanto comenzara el parto. Podíamos llevarnos el bebé a casa directamente desde el hospital. Tenía fecha para los días de Navidad, así que solo faltaban dos meses.

«¡Dios es muy bueno!», decía una y otra vez mientras le sonreía radiante a mi familia y mis amigos. «¡Qué milagro que *entablara* esta relación con Sue por casualidad y que justo conociera a esta embarazada! Dios siempre supo que traería otro bebé a nuestras vidas». Me sentía en condiciones de andar sobre las aguas.

Llegó Navidad y esperamos ansiosos la llamada telefónica. No llegó. Pasó otra semana y seguíamos sin recibir ninguna llamada. Mi corazón comenzó a temblar.

«¿Y si cambió de parecer y quiere quedarse con el bebé?», le dije entre sollozos a mi esposo, aunque mi mente racional pensaba que eso era poco probable. Estaba muy decidida a no quedarse con otro niño más. Al final, no pude esperar ni un minuto más y llamé a Sue.

—Sue, ¡no he sabido nada! ¿Qué sucede?

Sue hizo una ligera pausa.

—Ya sé. Me ha dado un poco de temor llamarte.

Se me vino el alma a los pies y la habitación comenzó a dar vueltas. Algo terrible debió sucederle al bebé.

—¿El bebé murió? —le pregunté en un susurro.

—No, Leslie, no murió —dijo al fin después de una larga pausa—. Nació hace dos semanas, pero... ¡vaya!... no sé cómo decírtelo. Le dio el bebé a otra persona.

—¿Qué? —dije sin poder dar crédito a mis oídos.

Creo que mi corazón dejó de latir. Un dolor agudo se extendió por todo mi cuerpo. Me sentía como si hubiera explotado en un millón de pedazos. Hubiera podido aceptar que la madre cambiara de idea, incluso que el bebé muriera, pero me costaba aceptar que la madre hubiera escogido a otra persona para que adoptara al bebé. ¿Cómo era posible que Dios hubiera permitido algo semejante? ¡Se suponía que nosotros nos quedaríamos con el bebé! ¡Me mintieron, me engañaron! Había confiado en Dios, ¿y esto era lo que recibía, un dolor que me encogía el corazón? Estaba furiosa. ¡Dios no era bueno! Me precipité de cabeza en una verdadera crisis de fe.

UNA PERSPECTIVA ETERNA

Scott Peck comienza su *best seller The Road Less Traveled* con la declaración: «La vida es difícil»[1]. Todos pueden identificarse. Hasta para el que conoce a Dios, la vida está llena de problemas. Algunas veces son grandes, como mi fracasada adopción. El frío viento de la adversidad puede despojarnos de todo y congelar la esencia misma de nuestro ser. Muy a menudo, sin embargo, las pequeñas cosas que invaden nuestra vida diaria forman nuestros problemas. Son como las uñas que rozan contra una pizarra o las piedras en los zapatos, cosas irritantes que están siempre presentes y que captan nuestra atención y nos hacen rogar alivio.

Muchas veces, durante los tiempos de problemas y de pruebas en nuestra vida, es cuando le hacemos a Dios las preguntas más penetrantes: ¿Por qué, Dios? ¿Por qué esto? ¿Por qué a mí? ¿Por qué ahora? He descubierto que la gente se hace estas mismas preguntas ya sea que se enfrenten a grandes problemas (como un diagnóstico de cáncer o la pérdida del trabajo) o que tengan que enfrentar las pruebas cotidianas (como quedar atrapado en un embotellamiento de tránsito cuando tienen que llegar a una cita importante o que se les queme la cena cuando las visitas están a punto de llegar).

La pregunta *¿Por qué?*, en sus diversas formas es natural y mucha gente en el Antiguo y Nuevo Testamento le hizo a Dios esta misma pregunta cuando tenían problemas. Tal vez el más conocido sea Job. Perdió a su familia, su fortuna y su salud. Sus problemas eran devastadores. Job no entendía por qué Dios permitía estas cosas y Dios nunca le explicó que se encontraba en medio de una batalla eterna. Como los seres humanos tenemos una perspectiva limitada como la de Job, nunca vemos todo el cuadro desde este lado del cielo. Sin embargo, muchos de nosotros (incluyéndome a mí), quedamos atrapados en el intento de comprender y explicar los caminos de Dios. Cuando nuestros planes de adopción se vinieron abajo, no podía concebir ninguna explicación que tuviera sentido. ¿Por qué Dios nos había dejado estar a punto de adoptar un bebé y luego había permitido que nos lo arrebataran de las manos? Años después, todavía sigo sin saberlo. No obstante, en esta travesía de conocer a Dios y profundizar nuestra relación con Él, Dios no nos pide que lo entendamos. En cambio, desea que confiemos en Él.

Mi periquito, Sydney, se pasa la vida en su jaulita redonda en la cocina. Tiene buena comida, agua limpia, un par de palitos donde pararse y una campanita que le encanta hacer sonar. Dice «lindo pajarito» y le besa los labios a cualquiera que acerque la cara a la jaula. Algunas veces, aunque no muy a menudo, sale para revolotear un poco por la cocina, pero la amplitud de la habitación lo asusta, así que prefiere la seguridad de su jaula. Parece feliz y canta con tanta fuerza que la gente me pregunta muchas veces si tengo pájaros. Les digo: «No, solo uno que canta muy fuerte».

Sydney no tiene idea de lo que es el aire fresco, las hojas hermosas y las ramas altas donde hacen nido otras aves. Jamás ha bebido agua fresca de un estanque ni se ha divertido cazando gusanos durante las primeras mañanas de la primavera. Es pequeño y tiene una perspectiva limitada del mundo. Lo único que conoce del mundo es su jaula y, tal vez, la cocina; para él, es la única realidad que existe. Aun así, nosotros sabemos que esa no es toda la realidad que existe. Hay un mundo grande y magnífico más allá de esa jaula y de la cocina de que Sydney no conoce nada.

Algunas veces Dios me recuerda que Sydney y yo no somos muy diferentes. Soy pequeña y limitada. Me limita el tiempo, el espacio y mi carne humana. No sé nada de la eternidad ni de la grandeza de Dios. Todo lo que sé es lo que experimento, pero mi experiencia no define los límites de la realidad. No, allí no termina la cosa, hay mucho más de lo que puedo ver o siquiera imaginar. Sencillamente porque lo desconozca, eso no hace que sea menos real o verdadero. Dios nos ofrece esbozos de esta «realidad verdadera» (como la llamaré) si nos tomamos el tiempo para ver a través de las lentes de su perspectiva eterna.

¿POR QUÉ? LA RAZÓN DE LAS PRUEBAS Y LOS PROBLEMAS

Job tenía algunos amigos que pensaban que sabían dónde comenzaban los problemas. Procuraron aconsejarlo, pero es triste que le añadieran más dolor al que Job ya tenía en su cargado corazón.

Algunas veces pensamos que podemos explicarles los caminos de Dios a los corazones atribulados. Como los amigos de Job, puede que supongamos saber el porqué sufre alguien. Por ejemplo, decimos: «Dios te está disciplinando. Debe haber algún pecado inconfeso en tu vida». O: «Si oras con mayor intensidad y tienes más fe, Dios te responderá». Esta clase de comentarios tiende a aumentar el dolor de la persona; en mi situación por la adopción, si alguien me hubiera dicho algo por el estilo me hubiera enfurecido, ¡no consolado!

Aunque en los siguientes párrafos trataré de dar respuestas bíblicas que nos ayuden a comprender algunas de las razones detrás de los problemas y de cómo Dios los usa en nuestras vidas, hago una advertencia: No basta con tener respuestas. En un tiempo de sufrimiento, las explicaciones, por lo general, ayudan muy poco a aliviar el dolor. Aunque Dios mismo me hubiera dicho por qué permitió que otra pareja adoptara a ese bebé, no me hubiera servido de mucho consuelo. Las respuestas sirven de ayuda, pero no siempre consuelan. El Señor y su pueblo son los que nos consuelan, no las respuestas. Cuando ministramos a los demás, debemos tener cuidado que las respuestas simplistas no sustituyan la verdadera preocupación. Dicho esto, consideremos algunas razones por las que los problemas entran en la vida.

LA BATALLA ETERNA POR NUESTRA DEVOCIÓN: ¿EN QUIÉN CONFIAREMOS? ¿A QUIÉN AMAREMOS?

En el preámbulo de la historia de Job, Dios nos deja espiar detrás de la cortina de la eternidad para ver una batalla entre Dios y Satanás.

> Llegó el día en que los ángeles debían hacer acto de presencia ante el SEÑOR, y con ellos se presentó también Satanás. Y el SEÑOR le preguntó:
> —¿De dónde vienes?
> —Vengo de rondar la tierra, y de recorrerla de un extremo a otro —le respondió Satanás.
> —¿Te has puesto a pensar en mi siervo Job? —volvió a preguntarle el SEÑOR—. No hay en la tierra nadie como él; es un hombre recto e intachable, que me honra y vive apartado del mal.
> Satanás replicó:
> —¿Y acaso Job te honra sin recibir nada a cambio? ¿Acaso no están bajo tu protección él y su familia y todas sus posesiones? De tal modo has bendecido la obra de sus manos que sus rebaños y ganados llenan toda la tierra. Pero extiende la mano y quítale todo lo que posee, ¡a ver si no te maldice en tu propia cara! (Job 1:6-11)

Satanás provoca sin cesar a Dios de esta manera: Tu pueblo no te ama por lo que eres; te ama porque eres bueno con ellos. Si les quitas tus bendiciones, te maldecirán. Dios le permitió a

Satanás poner a prueba a Job para demostrar que no era verdad. ¿Tú pasarías esa prueba? Yo no la pasé cuando Dios permitió que la adopción quedara en la nada. Estaba enojada y no quería saber nada de Él. Me había desilusionado. Me había fallado. La respuesta que di a mis problemas demostró que no amaba a Dios por lo que es, sino solo por lo que podía darme. Cuando la adopción no tuvo lugar, descubrí que mi fe y mi relación con Dios no bastaban para soportar el avasallante dolor.

Muchas veces a lo largo de la vida, nuestro corazón será objeto de la misma pregunta. Tal vez nuestras circunstancias no sean tan dramáticas como las de Job, pero en esencia se trata de lo mismo: Si pierdes todo, ¿Dios será suficiente? Cuando Dios permanece en silencio y no te da las respuestas que deseas ni el alivio a tus problemas, ¿tu corazón sigue confiando en Él? ¿Todavía lo amas? Nuestros problemas revelan la comprensión que tenemos de Dios y ponen a prueba nuestra relación con Él. ¿Nuestra relación se basa en lo que Él es o se basa en lo que hace por nosotros? Job se comprometió a confiar en Dios y a adorarle aunque le quitara todo lo que tenía.

Cuando mis ilusiones acerca del bebé se hicieron añicos, mi fe se hizo pedazos. Sin embargo, en aquel momento Dios comenzó a reconstruir poco a poco nuestra relación basándola en lo que Él es y no en lo que da o no da.

Muchas personas definen a Dios de acuerdo a lo que les sucede en la vida. Cuando la vida está llena de bienestar, de buena salud y de bendiciones, dicen: «¡Dios es bueno!». Cuando la situación se revierte y la vida nos hace comer hierbas amargas, nos sentimos tentados a definir a Dios de acuerdo a lo que sucede. En esas situaciones, casi nunca pensamos que Dios es bueno y amoroso. Más bien pensamos que está lleno de ira, que es vengativo, poco cariñoso, olvidadizo, distante y que no se preocupa por nosotros: adjetivos que reflejan nuestros sentimientos más que la naturaleza o el carácter de Dios (véase Diagrama 2.1)[2].

En el tercer capítulo de Lamentaciones, Jeremías luchó para identificar la verdadera naturaleza de Dios. Luego de servir al Señor con fidelidad, terminó en un pozo profundo al cual lo arrojaron sus enemigos. Acusó a Dios de volverse en su contra y de lastimarlo a propósito. Jeremías definió el carácter de Dios a través del lente de las circunstancias. Sin embargo, más adelante en el mismo capítulo, Jeremías experimentó un cambio de corazón cuando recordó la verdad de quién es Dios. Aunque sus circunstancias no cambiaron, Jeremías ahora exclamó: «Su compasión jamás se agota. Cada mañana se renuevan sus bondades; ¡muy grande es su fidelidad!» (vv. 22-23). A pesar de la evidencia circunstancial en sentido contrario, Jeremías prefirió creer y confiar en que Dios es bueno. El hecho de conocer el carácter de Dios le ayudó a soportar las difíciles circunstancias y a seguir confiando en Dios en el proceso.

Diagrama 2.1

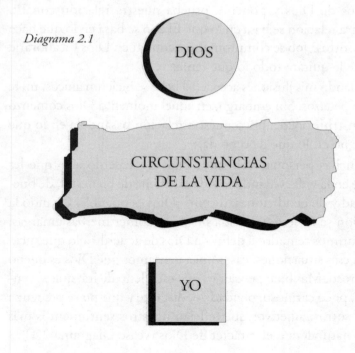

Job también le preguntó a Dios: «¿Por qué? ¿Qué he hecho para merecer este sufrimiento?». Sin embargo, Job nunca cuestionó la bondad de Dios como yo lo hice. El corazón de Job sabía que Dios tenía todo bajo control y que era soberano sobre los asuntos de su vida. Aunque no entendía, decidió confiar en Él. Al final de su experiencia, Job proclamó que aunque había oído hablar de Dios, hasta ese momento no le había conocido de verdad (Job 42:1-6). Satanás perdió la batalla y Dios usó esta experiencia en la vida de Job a fin de profundizar su relación de amor con él.

EL PECADO: TANTO EL NUESTRO COMO EL DE LOS DEMÁS

La segunda razón para los problemas de esta vida es evidente: El pecado. Desde que el pecado entró al mundo, la humanidad ha estado plagada de problemas, como consecuencia de nuestros pecados y como resultado de los pecados de los demás. Algunas veces pensamos que podemos pecar y que no cosecharemos las dolorosas consecuencias. Por momentos parece que podemos salirnos con la nuestra, pero la Palabra de Dios es clara: Todo lo que sembremos, eso cosecharemos (Gálatas 6:7-8). Es lamentable que durante la cosecha muchas veces nos sentimos tentados a culpar a Dios. «¿Por qué permitió Dios que me sucediera esto?», sollozó una adolescente cuando se enteró de que había contraído herpes genital luego de entrar en una vida sexual activa.

Para muchos de nosotros es difícil sufrir como resultado del pecado de otra persona. Cuando aquella madre traicionó nuestra confianza al darle el niño a otra pareja, siguió adelante con su vida pero a nosotros nos dejó destrozados. ¿Cómo creemos que Dios nos ama cuando permite que la gente peque contra nosotros? ¿Qué le decimos a la familia que perdió a su hija adolescente porque un conductor ebrio la mató o a la madre cuyo hijo quedó paralítico por una bala perdida? ¿Y qué me dices de la esposa cuyo esposo decide terminar el matrimonio para irse con otra mujer y deja a la familia devastada en lo financiero y lo emocional? Ninguna respuesta proporcionaría mucho consuelo. Solo en nuestra relación personal con Jesús encontraremos consuelo durante los tiempos de sufrimiento porque sabemos que Él también sufrió debido a nuestros pecados. Es difícil reconciliar estas verdades: Dios es amor y nos ama, sin embargo, permite que la gente peque contra los que ama y no siempre interviene. Desde el principio de los tiempos, no obstante, Dios le ha dado a la gente libre albedrío. Como resultado, quitarnos la posibilidad de pecar iría en contra de los planes de Dios, aun cuando esto lastime a sus hijos, como lastimó a su propio Hijo.

UN MUNDO DESTROZADO

A menudo las pruebas y los problemas vienen de las situaciones cotidianas que son el resultado de vivir en un mundo imperfecto. Los terremotos y los tornados traen devastación. Los equipos eléctricos y los automóviles irrumpen en los momentos menos oportunos. Los accidentes en los que no se puede culpar a nadie impactan nuestra vida para siempre.

A los quince años, Jaime era bien parecido y popular entre las muchachas. Durante una tarde en la que esquiaba en el agua con sus amigos, se zambulló en aguas poco profundas. Ese simple incidente cambió su vida para siempre. Se rompió el cuello y ahora usa una silla de ruedas y depende de los demás para las tareas más sencillas. ¿Por qué a Jaime? ¿Por qué eso?

No podemos controlar muchas cosas, ni siquiera entendemos por qué suceden. Cuando insistimos en saber el porqué como un requisito para sanar o crecer, perdemos el rumbo en la tarea de conocer a Dios. En lugar de preguntar por qué, lo cual nos limita a una perspectiva temporal, una pregunta más productiva sería: «¿Qué quiere hacer Dios en mí a través de los problemas que permite en mi vida?». Nuestros problemas se transforman en el torno que usa Dios para darle forma a nuestros corazones conforme a su imagen. A medida que llegamos a conocer, a *creer*, que el corazón de Dios siempre es bueno y amoroso, podemos obtener un gran consuelo en saber que Él usa *todas* las circunstancias de la vida: las buenas, las malas, las que son el resultado de nuestro propio pecado o el de alguna otra persona o del pecado de nadie, a fin de cumplir sus buenos propósitos en nosotros.

En la actualidad, Jaime es una persona diferente a lo que era cuando tenía energía y era atlético. Hoy irradia el amor de Cristo y vive para la gloria de Dios, no para su placer personal ni para su felicidad. El milagro que Dios produjo en el corazón de Jaime como resultado de su accidente es tan increíble como si Dios hubiera sanado su cuello roto y hubiera dicho: «Jaime, levántate y anda».

¿QUÉ SE PROPONE DIOS EN MI VIDA?

Los propósitos y la voluntad de Dios son un misterio para muchos cristianos. A menudo nos angustiamos durante días tratando de discernir lo que Dios desea de nuestra vida en una circunstancia en particular. ¿Era la voluntad de Dios que adoptáramos aquel niño? Pensaba que sí. Todas las circunstancias señalaban esa conclusión. Sin embargo, no sucedió. ¿Interpreté mal la voluntad de Dios? Creo que no. Entonces, ¿cómo entendemos lo sucedido?

La Biblia nos enseña mucho sobre los propósitos de Dios y su voluntad para con su pueblo. Uno de los principales propósitos de Dios es hacernos más semejantes a Él. El Salmo 23:3 dice: «Me guía por sendas de justicia por amor a su nombre». Las sendas de justicia tienen que ver con el desarrollo del carácter, con el moldeado de nuestro ser interior. En el proceso de maduración espiritual, hay ciertas cosas que Dios quiere que seamos o hay aspectos en los que desea transformarnos (véase Diagrama 2.2). Aunque esta no es una lista exhaustiva, algunas de las cosas que Dios desea que *seamos* a medida que maduramos incluyen:

- Pacientes (Romanos 12:12; Gálatas 5:22; Efesios 4:2; 1 Tesalonicenses 5:14; Santiago 5:7-8, 10)

- Felices (Salmo 66:1; Salmo 97:11; Proverbios 23:24; Hechos 2:28; Romanos 12:12; 1 Tesalonicenses 5:16)

- Con esperanza (Hechos 2:26; Romanos 5:4-5; Romanos 8:25; Romanos
- 15:4; Hebreos 6:19; 1 Pedro 1:13)
- Humildes (2 Crónicas 7:14; Mateo 23:12; Romanos 12:16; Efesios 4:2; 1 Pedro 5:6)
- Perdonadores (Mateo 6:12,14; Mateo 18:21-22; Efesios 4:32; Colosenses 3:13)
- Misericordiosos (Mateo 5:7; Mateo 12:7; Lucas 6:36; Santiago 3:17; Judas 22)
- Bondadosos (Proverbios 11:17; Proverbios 14:21; 1 Corintios 13:4; Efesios 4:32; Colosenses 3:12; 1 Tesalonicenses 5:15)
- Llenos del Espíritu (Hechos 2:4; Hechos 4:31; Hechos 9:17; Efesios 5:18)
- Obedientes (Deuteronomio 6:3; Salmo 119:17,34; Juan 14:15,23-24; 1 Juan 5:3; 2 Juan 6)
- Fieles (Proverbios 2:8; Mateo 25:23; Romanos 12:12; Gálatas 5:22; Apocalipsis 2:10; Apocalipsis 14:12)
- Confiados (Proverbios 3:5; Proverbios 22:19; Isaías 26:4; Juan 14:1; Romanos 15:13; Hebreos 2:13)
- Amorosos (Proverbios 3:3; Marcos 12:31,33; Juan 13:34; Juan 15:9,17; Romanos 13:10; Efesios 5:1-2)
- Santos (Romanos 12:1; 1 Corintios 1:2; Efesios 1:4; 1 Tesalonicenses 4:7; 2 Timoteo 1:9; 1 Pedro 1:15-16)
- Con dominio propio (Gálatas 5:23; 1 Tesalonicenses 5:6,8; 1 Pedro 1:13; 1 Pedro 4:7; 1 Pedro 5:8)
- Puros (Mateo 5:8; Filipenses 1:10; 1 Timoteo 4:12; 1 Timoteo 5:22; Tito 2:5; 1 Juan 3:3)
- Amables (Proverbios 15:1; Gálatas 5:23; Efesios 4:2; Filipenses 4:5; Colosenses 3:12; 1 Timoteo 6:11)
- Imitadores de Dios (Efesios 5:1; 1 Tesalonicenses 1:6)
- Semejantes a Jesús (Romanos 8:29; 1 Corintios 15:49; 2 Corintios 3:18; Efesios 4:24)

Lo que Dios desea que SEAMOS *Sendas de justicia*

Diagrama 2.2

Además de guiarnos por sendas de justicia al modelar nuestro carácter, Dios también nos conduce por la senda de la vida (Salmo 16:11). Al tratar de discernir la voluntad de Dios, deberíamos recordar que ya nos ha revelado mucho de lo que somos a fin de vivir de una manera que le agrade a Él, de una manera que tenga valor para toda la eternidad (véase Diagrama 2:3). Por ejemplo, debemos:

- Amarlo con todo nuestro corazón (Deuteronomio 30:16,20; Mateo 22:37; Marcos 12:30; Lucas 10:27)

- Obedecerlo (Josué 22:5; Juan 14:15; Romanos 16:26; 2 Corintios 2:9; Hebreos 5:8-9; 1 Pedro 1:14; 2 Juan 6)

- Confiar en Él (Salmo 9:10; Salmo 13:5; Salmo 56:3-4,11; Proverbios 3:5; Isaías 8:17; Isaías 26:3-4; Juan 12:36; Juan 14:1)

- Orar (Salmo 32:6; Mateo 6:9; Marcos 14:38; Efesios 6:18; Colosenses 4:2; 1 Tesalonicenses 5:17; Santiago 5:13)

- Creer (Marcos 5:36; Juan 20:31; Hechos 16:31; Romanos 10:10; Gálatas 3:22; Efesios 1:18-19)

- Hacer todo lo posible por mantener la unidad (Romanos 15:5; Efesios 4:2; Hebreos 12:14; 1 Pedro 3:11)

- Someternos unos a otros (Efesios 5:21; Santiago 3:17)

- Respetar a los que están en autoridad (Romanos 13:1; 1 Tesalonicenses 5:12; Tito 3:1; Hebreos 13:17)

- Glorificar a Dios con nuestra vida (Salmo 63:3; Romanos 15:6;
- 1 Corintios 10:31; 2 Corintios 3:18; Apocalipsis 14:7)
- Amarnos unos a otros (Juan 13:34; Juan 15:12; Romanos 12:10; Romanos 13:10; Gálatas 5:14; 1 Tesalonicenses 4:9-10)
- Dedicarnos a hacer el bien (Romanos 12:9; 2 Corintios 9:8; Gálatas 6:9-10; Tito 3:1,8,14)
- Dar a los que están en necesidad (Proverbios 14:21; Mateo 6:2-3; Romanos 12:13; 1 Juan 3:16-18)
- Perdonar a los que pecan contra nosotros (Mateo 6:12,14; Mateo 18:21-22; Efesios 4:32; Colosenses 3:13)
- Testificarles a los demás (Mateo 5:16; Mateo 28:19; Marcos 16:15; Hechos 1:8)
- Vencer con el bien el mal (Proverbios 25:21; Romanos 12:21; 1 Tesalonicenses 5:15; 1 Pedro 2:15-22; 1 Pedro 3:9,17)
- Amar a nuestros enemigos (Mateo 5:44,46; Lucas 6:27,32,35; Romanos 12:20)
- Dar gracias (1 Crónicas 16:8; Salmo 30:12; Salmo 107:1; Efesios 5:20; 1 Tesalonicenses 5:18)

Diagrama 2.3

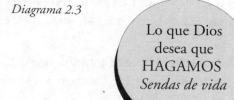

Lo que Dios
desea que
HAGAMOS
Sendas de vida

La Palabra de Dios también dice que nos enseñará a andar en los caminos de la sabiduría y la verdad (Salmo 32:8; Salmo 25:4; Proverbios 4:11). Este tercer círculo (véase Diagrama 2.4) representa nuestras decisiones personales, tomadas dentro de los límites de la sabiduría, la oración y la Palabra de Dios. Esta es la esfera a la que los cristianos tendemos a darle más atención cuando tratamos de entender la voluntad de Dios en un dilema o una circunstancia en particular. Creo que la Escritura nos enseña que Dios nos da libertad para escoger, por ejemplo, con quién nos casaremos, qué trabajo tomaremos, en qué ciudad viviremos y muchas otras cosas más, siempre y cuando no violemos los principios de la vida que agrada a Dios y que se describen en su Palabra. Cuando buscamos la voluntad de Dios, muchas veces vamos tras una confirmación que se ponga en evidencia por los buenos resultados que indican que tomamos la debida decisión. Entonces nos sentimos seguros de que nuestra elección fue en verdad la voluntad de Dios. No obstante, si parece que nuestra decisión nos llevó a obtener resultados pobres o inesperados, siempre nos preguntamos si actuamos de acuerdo a la voluntad de Dios o si «nos extraviamos».

Diagrama 2.4

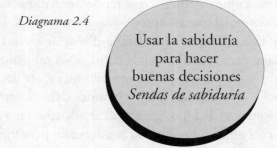

Usar la sabiduría
para hacer
buenas decisiones
Sendas de sabiduría

Luego de mucha oración y dirección de otros cristianos, Samuel decidió mudar a toda su familia hacia California debido a una oportunidad de trabajo fabulosa. A los tres meses, la nueva compañía quebró. Ahora se pregunta si su decisión fue de acuerdo a la voluntad de Dios. Repito, la perspectiva humana tiende a buscar resultados positivos para confirmar la voluntad de Dios.

Sin embargo, la perspectiva de Dios es diferente a la nuestra. Dios usa las circunstancias difíciles en las que nos encontramos a fin de que se cumpla su voluntad en nuestras vidas y ayudarnos a ser más semejantes a Jesús. Samuel y su familia tendrán que enfrentar las dificultades y los problemas como resultado de su mudanza y de la subsiguiente pérdida del trabajo. No obstante, durante este problema y gracias a él, Samuel y su familia se han visto obligados a orar más, a perdonar a los que no fueron sinceros con ellos, a confiar más en Dios, a creerle más a Dios y a ser más misericordiosos de lo que nunca antes fueron. Esta es una de las maneras en que Dios usa los problemas para nutrir el carácter de Cristo en nuestras vidas. Quizá la decisión de Samuel de mudarse a California fuera la voluntad de Dios, no por una satisfacción temporal, sino por la madurez y el crecimiento de Samuel y su familia. A Dios le preocupa más los dos círculos interiores, lo que desea que seamos y hagamos, y muchas veces usa nuestras decisiones personales con el propósito de guiarnos hacia una mayor madurez (véase Diagrama 2.5). Por otra parte, tenemos la tendencia a preocuparnos más por el círculo externo, el resultado de nuestras elecciones, debido a que tendemos a darle más peso a la felicidad temporal que a los propósitos eternos de Dios.

Hace poco una mujer que consideraba divorciarse vino a verme. Era cristiana y tenía luchas con la culpa. «No cabe duda de que no soy feliz y me parece que he tomado una mala decisión», dijo llorando. «No obedecí a Dios y nunca debí casarme con él. No era la voluntad de Dios, ¿entonces ahora debo vivir el resto de mi vida con un hombre que no es adecuado para mí?»

Esta mujer está dolida. ¿Qué le decimos? Si pensamos que la voluntad de Dios para nosotros es que seamos felices, le aconsejaremos que deje a su esposo y busque una relación nueva y más satisfactoria. Si solo creemos en cumplir reglas, le diremos que la Biblia prohíbe el divorcio excepto en casos de adulterio; por lo tanto, debe seguir casada. No obstante, si vemos lo que Dios quiere formar en su vida al mirar desde una perspectiva eterna, podemos alentarla a ver que este tiempo es una oportunidad para que profundice su fe y aprenda a confiar en Dios con respecto a su vida de nuevas maneras. Este tiempo de problemas le dará la oportunidad de vivir de una forma más significativa que si vive buscando la felicidad personal. Y tal vez, en medio de su transformación, Dios produzca cambios en su matrimonio.

En definitiva, la voluntad de Dios para los cristianos es llevarnos a una relación íntima con Él y conformarnos a la imagen de Cristo. Al revés de lo que dice la teología de la prosperidad, la voluntad de Dios no es darnos una vida feliz y libre de preocupaciones. Cuando estemos en problemas, Él promete: «Sabemos que Dios dispone todas las cosas para el bien de quienes lo aman, los que han sido llamados de acuerdo con su propósito.

Diagrama 2.5

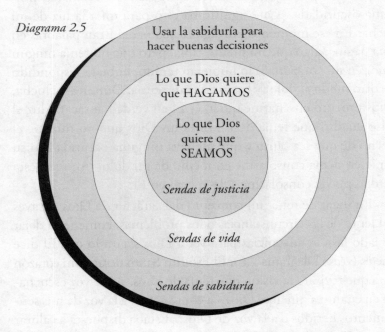

Usar la sabiduría para hacer buenas decisiones

Lo que Dios quiere que HAGAMOS

Lo que Dios quiere que SEAMOS

Sendas de justicia

Sendas de vida

Sendas de sabiduría

Porque a los que Dios conoció de antemano, también los predestinó a ser transformados según la imagen de su Hijo, para que él sea el primogénito entre muchos hermanos» (Romanos 8:28-29). Estos versículos les resultan conocidos a la mayoría de los cristianos, ¿pero tú los valoras? ¿Los has guardado en tu corazón como un ancla para tu alma cuando las olas de los problemas amenazan con hundirte?

Además de entender lo que Dios tiene en mente en cuanto a moldear nuestro carácter, también nos sirve de ayuda entender cómo Dios usa los problemas de la vida para que profundicemos nuestra relación con Él. Mientras luchaba con la adopción que nunca se concretó, me vi obligada a examinar muy en serio qué era Dios para mí. Una de las maneras en que Dios hizo esto conmigo fue desafiando la separación que había entre el conocimiento y las creencias de mi corazón.

Por ejemplo, 1 Juan 1:5 dice: «Dios es luz y en él no hay ninguna oscuridad». ¿Qué significaba esto para mí a la luz de mi lucha? En ese momento, no significaba nada. Eran palabras en una página, algo que mi mente sabía, pero que no tenía ningún valor en mi corazón. Si lo hubieran tenido, hubiera respondido de otro modo al dolor y la tristeza que sentía. Durante mi lucha, Dios procuró enseñarme quién es Él en verdad al sacar a luz el falso cuadro que tenía de Él. Si es un Dios que no miente, el hecho de que sea santo y que no haya ninguna oscuridad en su carácter, debía consolarme en medio de mi dolor. Aun así, esta verdad puede consolarme solo si creo en Él.

En lugar de tener un concepto del carácter de Dios a través del lente de las circunstancias o los problemas, comencé a dejar de lado las circunstancias para ver a Dios según lo que Él dice que es (véase Diagrama 2.6). El Espíritu Santo desafió mi corazón para que revisara la visión que tenía de Dios. ¿Qué voz escucharía en cuanto a quién es Dios y a cómo actúa: a la voz de mis sentimientos heridos o a la voz de Dios? ¿Estaba dispuesta a valorar lo que Él ha dicho? ¿Estaba dispuesta a creerle? Ya no podía seguir manteniendo mi cristianismo solo en el intelecto; eso no era suficiente. O lo creía con todo mi corazón o le daba las espaldas. Aunque no comprendo por qué Dios permitió que aquella madre nos engañara, llegue a saber, debido a que no hay oscuridad en su carácter, que Dios no engaña, no hace trampa ni trata con malicia a sus hijos. Y en eso puedo encontrar consuelo.

CÓMO DIOS USA LAS PRUEBAS Y LOS PROBLEMAS

A fin de captar nuestra atención y reorientarnos en lo que es verdadero e importante

Muchos mantenemos los ojos en el plano temporal, satisfechos con vivir para el objetivo personal de nuestra propia felicidad. Otros vivimos en medio de semejante remolino de actividades que no dejamos tiempo para la reflexión. Como consecuencia, nuestra relación con Dios queda en suspenso. Aunque Dios no se opone a la felicidad personal y ni siquiera a las actividades

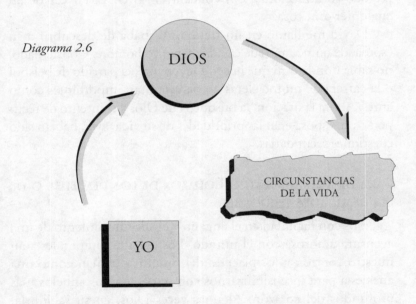

Diagrama 2.6

importantes, las define de manera diferente a nosotros y a veces perturba nuestra felicidad personal y nuestras actividades para llevarnos a un encuentro más profundo con Él.

En Deuteronomio 6:10-12 Moisés le advirtió al pueblo: «El SEÑOR tu Dios te hará entrar en la tierra que les juró a tus antepasados Abraham, Isaac y Jacob. Es una tierra con ciudades grandes y prósperas que tú no edificaste, con casas llenas de toda clase de bienes que tú no acumulaste, con cisternas que no cavaste, y con viñas y olivares que no plantaste. Cuando comas de ellas y te sacies, cuídate de no olvidarte del SEÑOR, que te sacó de Egipto, la tierra donde viviste en esclavitud».

Fénelon, un místico cristiano del siglo diecisiete, dijo: «En su tierno regazo paternal es donde nos olvidamos de Él. Debido a la dulzura de sus dones es que dejamos de pensar en Él. Lo que nos da a cada instante, en lugar de conmovernos, nos distrae»[3].

¿No es verdad que Dios capta por completo nuestra atención cuando nos golpea la adversidad? De inmediato, las otras cosas pierden su atracción y nos concentramos en Él en vez de en cualquier otra cosa.

David me llamó en un frenesí. Acababa de descubrir a su esposa, de quince años de casado, con otro hombre. Consternado, no sabía dónde ir ni qué hacer. De repente, el partido de béisbol o la carrera de motocicletas no parecían tan importantes como antes. Ahora la oración, la búsqueda de Dios y el intento de recuperar a su esposa eran las prioridades de su vida; ayer, habían sido cuestiones secundarias.

PARA DESPEGAR NUESTRO CORAZÓN DE LOS PLACERES O DE LAS REALIDADES TEMPORALES

Caemos con facilidad en el engaño y el adormecimiento de una aventura amorosa con el mundo. Los deleites temporales atan nuestro corazón a los placeres del mundo y actúan como una anestesia para insensibilizarnos con respecto a los anhelos más profundos del corazón. Algunas veces Dios, en su sabiduría, permite que los problemas se interpongan en nuestro camino para arrebatarnos de las ataduras de muerte... la muerte de nuestra alma. Esaú vendió su primogenitura por un plato de guiso. Nuestra primogenitura como cristianos es llegar a parecernos a Cristo, pero muchos la vendemos por los placeres temporales del mundo. Hasta los placeres legítimos pueden tentarnos a entretenernos algún tiempo más en la mesa de los sustitutos baratos en lugar de estar hambrientos por el pan de vida. En su amor soberano, Dios puede verse en la necesidad de interrumpir este modelo para despegar nuestro corazón de los amores temporales y llevarnos a una relación más profunda con Él.

PARA PROFUNDIZAR NUESTRAS RAÍCES, AL APEGAR NUESTROS CORAZONES A LO QUE ES BUENO Y VERDADERO

Una planta privada de nutrientes morirá, pero una planta que recibe demasiada alimentación también llegará a debilitarse. Todos los libros de jardinería que tengo advierten acerca del peligro de regar demasiado las plantas, ya que esto hace que desarrollen raíces poco profundas y se hagan más vulnerables a menguar y enfermarse. Los expertos sugieren que hay que permitir que la tierra de la superficie se seque para obligar a las raíces a profundizar más en busca del agua que necesitan.

Cuando estaba en la universidad, mi padre construyó una cabaña de troncos en la altiplanicie superior de Michigan. De vez en cuando mi familia había tenido la oportunidad de pasar las vacaciones allí. Un día, sugirió que fuéramos con mi hija Amanda de cinco años (así es, al fin adoptamos otro hijo) y él a explorar y dar una caminata alrededor del lago. Haríamos un buen ejercicio caminando cinco kilómetros a la redonda. Al andar tranquilos por el camino de tierra, Amanda se adelantó unos cincuenta metros dando saltitos, confiada de que estábamos cerca. Mi padre y yo caminamos en medio de la silenciosa soledad. A la mitad de la vuelta, tomamos un sendero que corría cerca del agua, pero el terreno cambió. Se tornó escabroso y estaba lleno de ramas caídas, tocones y rocas. Debíamos tener cuidado con cada paso que dábamos. Enseguida, Amanda retrocedió y me tomó de la mano. En una subida difícil en particular, mi padre extendió el brazo y me tomó de la mano. La sostuvo todo el resto de la caminata. Nunca antes en toda mi vida me había tomado de la mano. Casi me pongo a llorar. El difícil terreno por el que caminábamos juntos me dio la oportunidad de experimentar a mi padre de una nueva forma, una manera que tocó en lo más profundo de mi corazón. Jamás lo olvidaré.

Durante los momentos difíciles de la vida, Dios nunca se va de nuestro lado. Algunas veces, no experimentamos su presencia, pero eso no quiere decir que no esté presente. Si aprendemos a esperar en lugar de tratar de salir lo más pronto posible del proceso para encontrar una solución o un alivio, desarrollaremos raíces de amor y confianza más profundas.

PARA FORMAR SU NATURALEZA EN NOSOTROS

En Hebreos 5:8 nos enteramos de que Jesús aprendió la obediencia a través de las cosas que sufrió. Muchas veces me he preguntado: Si Jesús era perfecto, ¿por qué necesitaba aprender la obediencia? Tal vez la obediencia no venga en forma natural. Aunque Jesús no tenía pecado, su carne debía someterse a la autoridad y al control de Dios el Padre.

Romanos 5:3-4 nos dice que «el sufrimiento produce perseverancia; la perseverancia, entereza de carácter; la entereza de carácter, esperanza». Saber lo que Dios se propone es una parte de la historia, pero como destaca Henry Blackaby en su libro *Mi Experiencia con Dios*, luego depende de nosotros si nos unimos a Él para cooperar con el plan que tiene o si luchamos en su contra[4]. ¿La obediencia trae sufrimiento? Por supuesto. ¿Los problemas de la vida nos producen dolor? Algunas veces un dolor insoportable. Aun así, el gozo viene cuando podemos descansar sabiendo que Dios está formando nuestros corazones, quitando toda la grasa y todas las cosas contrarias a lo que es su imagen en nosotros.

Hazme fructífero al vivir por tu amor;
que mi carácter se vuelva más hermoso cada día.

Si las pinceladas del amor artístico de Cristo están sobre mí,
que trabaje con su pincel divino hasta que obtenga

la imagen completa y me convierta en una perfecta copia de Él, mi maestro[5].

PARA REFLEJAR SU GLORIA

El catecismo de Westminster declara que el fin principal y más noble del hombre es el de glorificar a Dios y gozar de Él para siempre [6]. Muchos de nosotros vivimos como si el propósito principal fuera ser feliz y estar satisfechos. Vivimos para nosotros mismos, no para Dios. A menudo, Dios permite que tengamos problemas en la vida para darnos la oportunidad de vivir para un propósito más alto que nuestra propia satisfacción.

Hace muchos años leí una novela sobre una familia que vivió en la Segunda Guerra Mundial y experimentó el horror de los campos de concentración alemanes. Una escena en particular captó mi atención y he meditado en ella muchas veces a lo largo de los años. Dos hombres se encuentran en un horrendo campo nazi de prisioneros. Ven la tremenda crueldad y maldad de la que es capaz el corazón del hombre. Ven morir a los que aman. Tienen hambre y están enfermos, sin embargo, deciden ser rayos de luz en un lugar muy oscuro. En un momento, uno de ellos le dice al otro:

«No. No es el temor al infierno lo que aleja mi corazón del mal». Theo sonríe para sí como si hubiera descubierto un secreto. «Hemos tenido el privilegio de ver en qué se convierten los hombres que se entregan a la oscuridad. Dejan de ser hombres, son criaturas; nosotros seguimos siendo hombres». Extiende el brazo para tocar el del profesor. «Y, sin embargo, todos comenzamos de la misma manera, como pedazos de carbón, tal vez de diferentes formas y medidas. El fuego y la presión del odio consume a algunos hombres hasta que consumen a otros que se encuentran a su alrededor con un fuego al rojo vivo. Y otros, atrapados en la misma presión feroz y en el terrible calor, se convierten en diamantes que brillan en la mano de Dios. Para brillar con fulgor cuando alrededor todo es tinieblas, para encontrar amor cuando los demás arden en su odio. ¿Acaso no es esa la esencia de Dios?»[7]

Dios casi siempre permite que los problemas nos den la oportunidad de reflejar su gloria en medio de nuestro dolor. Hace poco tiempo, me llamó la atención un pasaje de la Escritura en particular y comencé a meditar en él. Fue una de esas oraciones rápidas de Jesús, pero tuvo un efecto profundo en mí. Jesús oró: «Ahora todo mi ser está angustiado, ¿y acaso voy a decir: "Padre, sálvame de esta hora difícil"? ¡Si precisamente para afrontarla he venido!» (Juan 12:27).

En el pasado, ¡cuántas veces habré orado: «Sálvame de este problema»!, en lugar de pedirle a Dios que usara la situación para traer gloria a su nombre. Hace poco, durante algunos problemas de salud propios de la edad, tuve la oportunidad de orar de manera diferente. Le dije a Dios que pasara lo que pasara, lo que más deseaba era que fuera glorificado en el proceso. Creo que si no hubiera meditado en aquel versículo de Juan durante meses antes de que comenzaran mis problemas de salud, no hubiera orado de esa manera. ¡Qué cambio milagroso produjo Dios en mi corazón! No era que no quisiera sanidad; la quería, pero deseaba algo *más*. Deseaba que Dios fuera glorificado en mi vida, de cualquier manera que escogiera. Esta vez en mi oración, me parecía a Jesús. ¡Qué gozo en medio del problema!

¿QUÉ DESEA MI CORAZÓN EN LA VIDA?

Si somos sinceros, admitiremos que no siempre deseamos que nos lancen a la oscuridad. No deseamos que los problemas nos golpeen de atrás. La mayoría deseamos felicidad en la vida y alivio en las circunstancias difíciles. La persona espiritual también desea estas cosas, pero está dispuesta a abandonar estos objetivos por algo mucho más importante y maravilloso: la oportunidad de conocer y glorificar a Dios. Algunas veces Dios nos pide que sacrifiquemos nuestra felicidad temporal a fin de que le demos gloria.

Para que no pienses que ya domino los problemas de la vida, hace poco rezongué y me quejé cuando mi flamante caminadora se rompió. Algunas veces las pequeñas molestias de la vida, más que cualquier otra cosa, me roban la oportunidad de ser como Jesús. Reconocemos los problemas grandes como sagrados y nos elevamos para estar a la altura de la ocasión. Sin embargo, en las dificultades y pruebas cotidianas de la vida, cuando el bebé vomita la leche, cuando la lavadora se desborda, el automóvil se rompe o el adolescente se pone testarudo, son cosas que sacuden algo dentro de nosotros que reclama y demanda algo que solo tiene Dios: ¡el control! Deseamos controlar a nuestro mundo y no soportamos que la vida nos arrebate el control de las manos.

El sometimiento a la voluntad de Dios nos exige un cambio de corazón. Necesitamos confianza; confianza en un Dios que es demasiado puro y demasiado santo como para permitir cualquier clase de mal en nuestra vida a menos que se use para el propósito extremadamente bueno de hacernos más parecidos a Cristo. En su libro *Trusting God*, Jerry Bridges cita: «En su amor, Dios siempre desea lo mejor para nosotros. En su sabiduría, siempre sabe lo que es mejor, y en su soberanía tiene el poder para hacerlo realidad»[8].

LA REALIDAD VISTA DESDE UNA PERSPECTIVA DIVINA

Hace varios años, mi familia viajó a Walt Disney World y visitó los Estudios MGM. Uno de los paseos, la Aventura de Viaje a las Estrellas, fue emocionante en especial. Unas quince personas estábamos sentadas en un simulador de cápsula espacial con los cinturones de seguridad abrochados. R2D2 era nuestro guía en el imaginario viaje a través del espacio que íbamos a hacer. De repente, un accidente lanzó a nuestra cápsula a una galaxia distante. Como viajábamos a la velocidad de la luz, nuestra pequeña nave espacial apenas podía maniobrar en medio de las cavernas y alrededor de las estrellas, los meteoritos y de objetos no identificables. El viaje fue muy realista, y si no hubiera sido que todos sabíamos que era solo un simulacro, nos hubiéramos sentido aterrorizados. Cuando aterrizamos y nos encontramos a salvo, pensé para mis adentros: *Tal vez así sería la vida si siempre tuviéramos la perspectiva de Dios.* No nos aterraríamos tanto cuando vengan las pruebas y los problemas porque sabríamos que todas las cosas por las que pasamos no son del todo la «realidad verdadera». Cuando Santiago nos dice que nos consideremos muy dichosos cuando tengamos que enfrentarnos con diversas pruebas y problemas, su consejo parece imposible para nuestras mentes finitas; pero así como es una locura reírse porque nos han lanzado a la oscuridad del espacio, parece una locura sentirse dichoso en los tiempos más terribles que vivimos. Sin embargo, la perspectiva que me libra del pánico en ese simulacro, el hecho de saber que es solo un simulacro, es la misma clase de perspectiva que me libra de la desesperación en los momentos de gran dolor y de problemas: el hecho de saber que esta vida no es todo lo que hay y que la verdadera realidad es mucho mayor de lo que puedo ver ahora.

El apóstol Pablo experimentó problemas difíciles. En 2 Corintios nos dice: «Nos vemos atribulados en todo, pero no abatidos; perplejos, pero no desesperados; perseguidos, pero no abandonados; derribados, pero no destruidos» (vv. 8-9). Siempre me he preguntado cómo se las arreglaba Pablo para mantener esta perspectiva. Yo me hubiera sentido abatida, desesperada, abandonada y destruida por completo, pero Pablo no se sentía así. ¿Cuál era su secreto? Más adelante, en el mismo capítulo, nos dice: «Por tanto, no nos desanimamos. Al contrario, aunque por fuera nos vamos desgastando, por dentro nos vamos renovando día tras día. Pues los sufrimientos ligeros y efímeros que ahora padecemos producen una gloria eterna que vale muchísimo más que todo sufrimiento. Así que no nos fijamos en lo visible sino en lo invisibie, ya que lo que se ve es pasajero, mientras que lo que no se ve es eterno» (vv. 16-18).

«Este mundo no es nuestro hogar» es un dicho común para la mayoría de los cristianos. Sin embargo, nuestro corazón permanece apegado a muchas cosas buenas (y algunas veces no tan buenas) de este mundo. Dios, debido a su gran amor por nosotros, atrae nuestro corazón hacia Él y nos pide que nos abandonemos por completo a la fe y a la confianza. Cuando alcanzamos una perspectiva celestial, recibimos la fuerza para soportar el proceso del sufrimiento mientras seguimos viviendo en este mundo. La perspectiva es lo que ayuda a una mujer a soportar los dolores de parto al pensar en el gozo de tener un hijo. La perspectiva ayuda a los enfermos a tomar la difícil decisión de someterse a una cirugía dolorosa para mejorar su calidad de vida. Hebreos 12 nos dice que esa perspectiva, o tener en mente un propósito o una meta superior, fue lo que ayudó a Jesús a soportar la cruz.

A veces Dios trae luz a nuestra alma para hacer brillar la verdad y darnos esa perspectiva. Otras veces da la impresión de que se sienta y permite que una profunda oscuridad nos envuelva como un espeso humo negro que amenaza con asfixiar nuestra vida espiritual. En este lugar oscuro es donde la mayoría de nosotros busca la salida más cercana. No queremos quedarnos quietos y haremos cualquier cosa que sea necesaria para encontrar alivio. No obstante, si podemos aprender a esperar, descubriremos que sucede algo milagroso cuanto más indefensos nos encontremos. ¿Recuerdas mi desesperación ante el fracaso de la adopción? Dios nunca trajo luz sobre esa situación. Jamás sabré por qué aquella madre escogió a otra familia. Aun así, al igual que una semilla necesita estar enterrada en la oscuridad de la tierra para echar raíces, en mi caso la profundidad de la tierra de la desesperación y de la oscuridad cultivaron una nueva manera de andar con Dios. Fue allí donde comencé mi viaje en busca del verdadero conocimiento de Dios de acuerdo a lo que Él dice que es, no de acuerdo a lo que yo pensaba que debía ser.

Mi periquito, Sydney, y yo tenemos una perspectiva limitada. Solo vemos una pequeña parte de la verdadera realidad. Dios desea que confiemos en Él cuando no podemos ver. Desea trasladar nuestro corazón a su perspectiva a fin de que veamos con mayor claridad. ¿Estás dispuesto?

SEÑOR, ALTO Y SANTO, MANSO Y HUMILDE,

Tú me has traído al valle de la visión,
  donde vivo en las profundidades, pero te veo a ti en las alturas;
  rodeado por montañas de pecado contemplo tu gloria.

Permíteme aprender la paradoja
  que el camino hacia abajo es el que va hacia arriba,
  que estar abajo es estar en lo alto,
  que el corazón herido es el corazón sanado,
  que el alma arrepentida es el alma victoriosa,
  que no tener nada es poseerlo todo,
  que soportar la cruz es llevar una corona,
  que dar es recibir,
  que el valle es el lugar de la visión.

Señor, por el día las estrellas se ven desde los pozos más
  profundos, y cuánto más profundo sea el pozo, más
  brillan las estrellas;

Permíteme encontrar tu luz en mi oscuridad,
  tu vida en mi muerte,
  tu gozo en mi tristeza,
  tu gracia en mi pecado,
  tus riquezas en mi pobreza,
  tu gloria en mi valle.

«El valle de la visión»[9]

Tiempo de reflexión

1. ¿Estás de acuerdo con Dios en que su propósito para ti es bueno y es para bien? Si no es así, ¿qué haría falta para convencerte? Pídele esto con valor, ya que sabemos que esta es su voluntad para contigo. ¿Qué luchas internas tienes al abandonar tu corazón a los designios de Dios para tu vida?

2. ¿Tu corazón anhela la buena vida o la vida espiritual? Una significa vivir para uno mismo y la otra quiere decir vivir en una completa entrega a Dios. Reflexiona y medita en la declaración de Oswald Chambers:

> La fe no es un sentimiento patético, sino una confianza robusta y vigorosa edificada sobre el hecho de que Dios es amor santo. Ahora no lo ves, no entiendes lo que hace, pero lo conoces a *Él*. El naufragio se produce cuando no existe ese equilibrio mental que proviene de estar establecidos sobre la eterna verdad de que Dios es amor santo. La fe es el esfuerzo heroico de tu vida, te lanzas con una temeraria confianza en Dios[10].

3. Comienza a orar como lo hizo Jesús en medio de los problemas de tu vida. Usa como guía Juan 12:27-28.

Querido Señor:

Comienzo a tener un cuadro de lo que haces en mi vida a través de los problemas. En lugar de pedirte siempre alivio o ayuda para salir de ellos, ayúdame a ser conformado gustosamente a la imagen de Jesús. Ayuda a mi corazón a que esté dispuesto a que lo uses para tu gloria y tus propósitos durante los tiempos de problemas. Señor, para confiar del todo en ti, necesito conocerte mejor. Necesito conocer tu corazón que siempre es bueno y siempre desea mi bien. Deseo confiar en ti aun cuando no te entienda. Aumenta mi fe para que pueda ver más de tu perspectiva eterna y menos de los placeres temporales que quieren colarse. Transforma mi corazón, Señor. Hazlo como el de Jesús. Amén.

CAPÍTULO TRES

NUESTRA RESPUESTA
A LOS PROBLEMAS DE LA VIDA

¡Reflexionen sobre su proceder!
HAGEO 1:7

Juan y María vinieron en busca de consejería por problemas que tenían en el matrimonio.

«¡Si María se diera cuenta de cuánto me enoja que no ponga de nuevo los lápices en el cajón!», gritó Juan. «Ya no lo soporto más. Me está volviendo loco con su desorganización y su evidente tontería».

María lloraba mientras Juan seguía su descarga de quejas en su contra.

Después le llegó el turno a María. «Sé que a Juan le molesta mi forma de ser. No soy muy buena como ama de casa. Pierdo las cosas con facilidad, pero...», dijo y miró a Juan con ojos implorantes, «yo tampoco lo soporto más. Siento que nunca puedo hacer algo bien. Siempre estás enojado conmigo».

Cuando los problemas vienen a nuestro camino, la mayoría respondemos tratando de cambiar la situación o a la persona que nos parece que nos trae problemas a la vida. Juan deseaba que María cambiara y fuera más organizada y cuidadosa. María deseaba que Juan cambiara y que dejara de enojarse tanto y la aceptara más.

Casi siempre los que nos enojan con más facilidad en la vida son las personas con las cuales interactuamos y que están más cerca de nosotros. Deseamos que cambien porque pensamos que así seremos más felices o al menos no nos sentiremos tan enojados y frustrados. Pensamos que si fueran más amorosos, más sumisos, más dominantes, más obedientes, más respetuosos, más eficientes o más de cualquier otra cosa, responderíamos mejor y no nos sentiríamos tan molestos. Jugamos a lo siguiente: cambiaré después que tú cambies.

Sin embargo, para librarnos de este modelo en el cual no hay ganador, debemos comenzar a ver que nuestra relación con Dios y no las acciones de otra persona o la falta de ellas es la que nos ayudará a crecer, a cambiar y a responder como es debido. Para madurar, necesitamos comprender que nuestras respuestas a los problemas de la vida no vienen de afuera (de la situación); vienen de nuestro interior (del corazón). La *Biblia de Estudio NVI* define al corazón como «la sede principal de las emociones y los sentimientos humanos, así como de sus esperanzas y temores»[1]. Cuando comenzamos a prestar cuidadosa atención a nuestros caminos, en especial a la manera en que sentimos, pensamos y actuamos, podemos comenzar a entendernos mejor a nosotros mismos.

LA IMPORTANCIA DE EXAMINARNOS A NOSOTROS MISMOS

Platón dijo que no vale la pena vivir sin examinar la vida[2]. Examinarnos a nosotros mismos no es un proceso fácil y a menudo se pone en acción por los problemas y las pruebas que enfrentamos. La palabra *examinar* significa estudiar o escudriñar algo. En muchas industrias se examinan ciertos materiales en detalles o se ponen a prueba a fin de medir la integridad del objeto. Por ejemplo, en la industria aeroespacial, se llevan a cabo pruebas periódicas y rigurosas en muchos componentes de los aviones para asegurarse que esa parte cumpla con ciertos requerimientos de seguridad y confianza. Estas pruebas hacen falta para prevenir el uso de componentes defectuosos que causarían un fracaso catastrófico mientras el avión está en vuelo. Las pruebas les ayudan a los inspectores a descubrir los puntos débiles y a identificar las posibles fallas de diseño para que el fabricante logre arreglar esos desperfectos y, en definitiva, cree un componente mejor.

Cuando estaba en la escuela, la matemática nunca fue mi fuerte, sobre todo con esos problemas tramposos. Aunque me pareciera que entendía los conceptos específicos, resolverlos en las aplicaciones prácticas que enunciaban las palabras del problema era otra historia. Los enunciados de los problemas revelaban lo que no sabía o no podía aplicar.

Lo ideal sería que los exámenes de la escuela midieran lo que los estudiantes saben en forma integral y que revelaran las partes en las que no han captado los conceptos. Esos exámenes no solo beneficiarían a los profesores (al proporcionar una norma para las calificaciones), sino que también beneficiarían a los estudiantes (al revelar lo que el estudiante sabe en realidad). El examen es la prueba.

Como cristianos, muchos sabemos un montón acerca de las cosas de Dios. Hemos leído la Biblia y varios otros buenos libros sobre la vida cristiana. Sin embargo, cuando intentamos poner esos conceptos bíblicos en práctica, tropezamos. Así como yo tenía dificultad con los enunciados de los problemas, descubrimos que lo que sabemos en un nivel no necesariamente podemos aplicarlo en otro.

Santiago 1:12 dice que cuando pasemos la prueba que Dios nos da, recibiremos la corona de la vida. ¿Cuál es la prueba? A menudo los problemas de la vida ponen a prueba la realidad o la integridad de nuestra fe. ¿Cómo respondemos a los problemas que Dios permite que vengan a nuestro camino? La prueba no es para beneficio de Dios; Él ya sabe lo que hay en nuestro corazón. Es para nuestro beneficio; nos revela las debilidades de la fe y la confianza que tenemos en Dios.

El enojo que sentí hacia Dios cuando se frustró la adopción puso de manifiesto la poca profundidad que tenía en el conocimiento de Él. Al dar rienda suelta a mi ira, dije cosas como: «No eres bueno», «No se puede confiar en ti», «No eres lo que dices que eres», «¿Cómo puedo confiar en un Dios que engaña a su pueblo para que confíe en Él y luego los desilusiona?».

En algunos casos, la ira puede ser una respuesta apropiada para la situación, por ejemplo, el enojo que sentí hacia la madre que nos mintió y traicionó nuestra confianza. Sin embargo, mi ira iba dirigida hacia Dios y hacia lo que decía ser. Yo no lo conocía como Él se describía a sí mismo y esto se puso de manifiesto en medio de mi problema. Cuando no conseguí lo que deseaba o esperaba, mi fe se desmoronó. Dios me mostró que mi relación con Él no era tan fuerte como yo pensaba. Sabía que mi amor era académico y superficial. Debido a su amor por mí fue que deseó que lo conociera. ¿Para qué? Para que no me engañara.

Dios nos pone a prueba debido al gran amor que nos tiene. Conoce nuestra tendencia a engañarnos a nosotros mismos y a dejarnos engañar por las influencias externas. Nuestra relación con Dios es tan importante que Él no desea que nos engañemos al pensar que por seguir solo las reglas de una denominación en particular o por adherirnos a ciertos credos, tenemos una relación con Él siendo que nuestros corazones pueden estar muy lejos de amarle. En Mateo 7, Jesús describe a un grupo de personas que pensaban que conocían a Dios, pero que en realidad no lo conocían. Pablo nos dice que nos examinemos para ver si estamos en la fe (2 Corintios 13:5). El apóstol Juan nos advierte en cuanto a engañarnos a nosotros mismos (1 Juan 1:8).

Examinar la respuesta que tenemos frente a los problemas es una oportunidad para ver si aplicamos en la vida real, en los problemas de la vida que se interponen en nuestro camino, las cosas que pensamos que creemos. Veremos las esferas débiles y las cosas que Dios desea cambiar en nosotros. A medida que lleguemos a comprender nuestras respuestas, debemos recordar lo que Dios se ha propuesto: nos está llevando a través del proceso de maduración y de desarrollo de la naturaleza de Cristo en nosotros. Al tener este objetivo en mente, logramos seguir adelante en medio de los problemas confiando en Dios y profundizando nuestras raíces de fe en Él que nos ama.

Comprendamos las respuestas a nuestros prob

Mi esposo es el entrenador de un equipo de voleibol de
Algunas veces, cuando les enseña una técnica, filma a una juga-
dora y luego le muestra la filmación en cámara lenta para que los
dos puedan examinar cada componente de sus movimientos y
logren hacer los cambios necesarios. Por lo general, no pensamos en las respuestas que tenemos frente a los problemas como
algo que se pueda fragmentar y separar; pero como parte de
nuestro examen, debemos identificar los diversos componentes
de nuestras respuestas a fin de comprenderlos mejor y ver dónde
podemos hacer cambios. Debemos hacerlo para dejar de jugar a
eso de «cambiaré cuando tú cambies».

Al examinar nuestras respuestas frente a los problemas que
experimentamos, comenzaremos a entender que estas surgen de
lo que hay dentro de nosotros y no del comportamiento de otra
persona. Las acciones surgen de nuestro corazón al responder
con nuestros sentimientos, pensamientos y comportamientos.

La manera en que nos sentimos

Cada problema que enfrentamos despierta una respuesta emocional en nosotros. ¿Cómo te sientes cuando estás en medio de
un problema? ¿Te sientes irritado, desalentado, enojado, estresa-
do, culpable, ansioso? Si somos sinceros, casi ninguno de nosotros experimenta las emociones más positivas en medio de los
problemas. No nos sentimos felices, contentos, alegres, en paz,
ni relajados. Nos sentimos molestos. Si hiciéramos un diagrama
de la manera en que nos sentimos como respuesta a nuestros
problemas, sería probable que se pareciera al Cuadro 3.1 de la
página siguiente.

La próxima vez que se te cruce algún problema de la vida en
el camino, ya sea grande o pequeño, trata de prestar atención a
las emociones que tienes en medio de esta situación. Tal vez
comiences a ver un patrón de conducta en la respuesta emocional
que les das a los problemas. Por ejemplo, cuando Juan comenzó

a darse cuenta de sus emociones, pudo entender que con frecuencia encajaban en la familia del enojo; se irritaba, impacientaba, se sentía fastidiado, frustrado, furioso o enfurecido. Por otra parte, María se dio cuenta de que sus sentimientos encajaban más dentro de la familia de las respuestas ansiosas. Casi siempre se sentía temerosa, preocupada, insegura, nerviosa, se dejaba llevar por el pánico o se asustaba en medio de los problemas.

A algunas personas les resulta difícil identificar lo que sienten y muchas veces dicen: «No sé, solo me siento molesto». Si eso es lo que te sucede, la próxima vez que te sientas molesto trata de examinar tus sentimientos preguntándote: ¿Me siento triste? Si no es tristeza, ¿estaré enojado? ¿No será que estoy asustado? O, tal vez, tengas una sensación de herida. Una vez que logras discernir la categoría general a la que pertenece el sentimiento, trata de ser un poco más específico; sube o baja por la escala de intensidad. ¿Estás muy triste? ¿Estás un poquito asustado? Las palabras diferentes describen diversas intensidades de las emociones. Por ejemplo, un poquito enojado es estar *irritado*. Estar muy enojado es estar *furioso*. La palabra *aterrorizado* describe un corazón lleno de temor y un poquito *nervioso* es una versión menos intensa de la *ansiedad*.

A otras personas les cuesta identificar o admitir sus sentimientos porque creen, o les han enseñado, que como cristianos «deben» o «no deben» sentir ciertas emociones. Si no es lo que piensan que deben sentir o lo que los demás esperan, luchan por ser sinceros consigo mismos y por admitir lo que sienten de verdad.

Cuadro 3.1

Problemas:	Sentimientos comunes de respuesta:
encontrarse en un atasco de tránsito	irritación, impaciencia, frustración, ansiedad
despido del trabajo	dolor, tristeza, enojo, temor
perder a un ser querido	dolor, ira, confusión, depresión

Débora vino a buscar consejo preocupada por la relación con su madre. La describió como dependiente y temerosa. «Sencillamente no sé cómo ayudarla», dijo Débora. Al sondear un poco más, me contó que una vez su madre se quedó sentada sollozando cuando Débora le dijo que no podía quedarse a cenar. Le pregunté cómo se había sentido al ver a su madre llorar. Vaciló. Luego, tras una larga pausa, dijo: «Me sentí muy culpable. No debería sentirme molesta con ella. Me detesto por tener estos pensamientos tan horribles acerca de mi madre. Debería amarla». Débora estaba en un atolladero. No podía admitir que se sentía enojada y frustrada ante el comportamiento dependiente y manipulador de su madre. Se sentía demasiado culpable y avergonzada como para admitirlo delante de mí y tampoco podía admitirlo para sí, en cambio, se sentía inundada de odio hacia sí misma.

Es muy importante que seas sincero contigo mismo y que le des un nombre a tus sentimientos, aun cuando desearías no sentir una emoción en particular. Cuando me sentía furiosa con Dios por el aborto de la adopción, no me hizo ningún bien negarlo. En cuanto le hice frente a la ira, pude ver al fin las cosas tal como eran y pude ocuparme en resolverlas.

Las emociones son una parte muy real de nosotros como seres humanos. Examinarnos a nosotros mismos significa tomar conciencia de lo que sentimos. Jesús experimentó toda la gama de emociones humanas. Algunas veces se sintió enojado, desilusionado y triste. Al enfrentarse el horror de la cruz, se sintió turbado y mientras colgaba allí y moría, se sintió abandonado. Parecernos cada vez más a Cristo no quiere decir que debamos anular nuestros sentimientos y finjamos que solo sentimos el espectro de emociones más positivas.

Es de vital importancia que seamos sinceros en cuanto a lo que sentimos; sin embargo, no siempre es bueno comunicarle todo lo que sentimos a otro. Nuestras emociones pueden ser intensas y reales, pero a diferencia de las emociones de Jesús, también están manchadas con nuestro pecado y orgullo. En nuestra cultura de análisis sicológicos, nos hemos convertido en exhibicionistas de las emociones y nos animan a «sacar todo afuera» para sentirnos mejor. Aun así, Dios jamás aprueba una motivación tan egoísta. Si mis hijos me resultan molestos en un momento, necesito reconocer y admitir cómo me siento, pero decirles esos sentimientos puede ser sabio o no. Tal vez sea una reacción egoísta y mis hijos necesiten mi atención aunque preferiría que no me molestaran. Sería más provechoso que me apartara un momento para orar y decirle a Dios cómo me siento. No es lo mismo ser consciente y sincera conmigo misma que dejar salir todo lo que tengo adentro. Es mejor que algunas cosas queden bien guardadas. Nuestros sentimientos deben informarnos, no controlarnos.

Identificar nuestros sentimientos y comprender de dónde provienen, nos ayuda a decidir mejor qué hacer con ellos. Algunas veces puede ser útil que expresemos nuestros sentimientos a la gente involucrada. En otras ocasiones, expresar los sentimientos es como dejar caer un fósforo encendido sobre combustible con lo cual podemos causar un daño increíble. Aunque la vieja canción infantil nos decía que las palabras nunca nos lastimarían, eso no es verdad. Les hemos causado mucho daño a las personas que amamos al espetar sentimientos desagradables en su momento de mayor intensidad. Esto nos puede proporcionar una especie de alivio catártico, pero nunca es provechoso para el que escucha ni para la relación. Comparo la acción de espetar con la de vomitar: Nos sentimos mejor cuando soltamos lo que tenemos dentro, pero debemos vomitar en el lugar adecuado, no sobre otra persona. Una manera más saludable de sacar los sentimientos negativos o destructivos es escribirlos. Podemos encontrar alivio para la intensidad de nuestras emociones al escribirlas o al levantarlas delante de Dios en oración. Durante ese proceso, también podemos obtener cierta perspectiva y guía en cuanto a qué hacer con ellas.

Muchas veces nuestros sentimientos actúan como una luz de advertencia para avisarnos que algo anda mal en nosotros o en nuestras relaciones. Si los pasamos por alto, podemos tener problemas mayores. Identificar y admitir lo que sentimos es una parte crucial del examen personal.

La siguiente respuesta a examinar son nuestros pensamientos. Cuando estaba enojada con Dios, mis emociones eran intensas. Me sentía herida, traicionada, enojada y triste.

Mis pensamientos revelaban mi desconfianza en Dios y la manera en que veía su mano en la situación. Al prestarle atención a nuestros pensamientos, podemos comenzar a comprender el problema que tenemos y a trabajar teniendo en mente un cambio de corazón.

LA MANERA EN QUE PENSAMOS

Somos criaturas pensantes. A cada momento tenemos un diálogo interno para que el mundo que nos rodea tenga sentido.

Si tienes hijos o te relacionas con niños pequeños, es probable que te haya causado gracia la manera en que interpretan la vida que los rodea. Cuando mi esposo tuvo que viajar a San Francisco por negocios, Ryan, que entonces tenía tres años, me preguntó:

—Mamá, ¿quién es Sam?

—¿Cuál Sam? —le respondí.

—Ya sabes, ese Sam Francisco —dijo.

Ryan sabía que su padre iba a San Francisco, pero en su cerebro no existía una categoría establecida capaz de procesar con precisión qué era San Francisco. La única manera en que podía lograr que la información tuviera sentido era procesarla a través de las categorías conocidas. Sabía que Sam era el nombre de una persona. Eso bastaba. Entonces llegó a la conclusión de que su padre iba a visitar a un hombre llamado Sam Francisco.

Nuestros pensamientos actúan como un filtro o un lente por el que vemos y comprendemos nuestras circunstancias. En este proceso, participamos en un diálogo interno a través del cual interpretamos sin cesar lo que sucede a nuestro alrededor. Nuestros *pensamientos* sobre cualquier situación dada, y no la situación en sí, son los que determinan en una medida importante la reacción emocional que tenemos ante ella.

La terapia cognitiva es una terapia secular que se desarrolló en los cincuenta debido a la creciente insatisfacción con el modelo sicoanalítico para tratar a la gente con problemas emocionales. Mediante estudios clínicos, los investigadores observaban con frecuencia que las personas deprimidas, por ejemplo, veían el mundo de manera negativa. En otras palabras, la manera en que pensaban se convertía en un lente mediante el cual evaluaban todas sus experiencias. A partir de allí, los terapeutas cognitivos descubrieron que nuestra manera de pensar acerca de una situación le da forma a las respuestas emocionales frente a esa situación.

Considera este ejemplo: Es tarde en la noche y te encuentras solo en casa mirando televisión. Tu familia se encuentra afuera y no los esperas hasta mucho más tarde. De pronto, el picaporte de la puerta trasera comienza a hacer ruido. ¿Cuál es la emoción que sientes? Si interiormente eres como la mayoría de las personas, sientes temor, ya sea poco o mucho, pero temor sería la categoría general de la emoción. ¿Por qué? ¿Porque el picaporte hace ruido? No. Sientes temor porque interpretas que el ruido del picaporte significa algo. ¿Cuáles son tus pensamientos acerca del ruido del picaporte? Piensas que un intruso trata de entrar en la casa. Ese pensamiento es una interpretación perfectamente lógica de la situación, y tu cuerpo y tus emociones responden de manera apropiada con sentimientos de temor. Mientras tu cuerpo bombea adrenalina y en tu mente dan vuelta decenas de planes de ataque, la puerta se abre y tu hijo que estaba en la universidad entra en la cocina con una gran sonrisa y dice: «Hola, ya llegué. Salí más temprano».

Ahora, ¿qué sientes? Es probable que alivio mezclado con un poco de enojo por el susto que te dio tu hijo. ¿Por qué tus emociones cambiaron tan de repente del pánico al alivio? Porque ahora ya no *piensas* que un intruso quiere entrar en la casa. Te das cuenta de que tu interpretación inicial de la situación era comprensible, pero falsa. Ahora tus pensamientos cambiaron y tus emociones siguen el mismo camino.

Los terapeutas cognitivos pensaban que habían descubierto algo nuevo, pero la Palabra de Dios enseña que nuestros pensamientos son cruciales para nuestro bienestar. Proverbios 23:7 dice que «cual es su pensamiento en su corazón, tal es él» (RV-60). La clave para entender mejor nuestras emociones es tratar de darnos cuenta de que no se basan en lo que nos sucede, sino en lo que *pensamos* que nos sucede. Mientras pensemos que hay un intruso en nuestra puerta, las emociones de temor y pánico serán muy reales. La respuesta emocional que le damos a nuestros problemas se basa en el modo que pensamos de ellos o en cómo los interpretamos: de manera precisa o imprecisa, verdadera o no.

Brenda vino en busca de consejería porque tenía una autoestima pobre. Se describió como una persona que se sentía deprimida y solitaria. Dijo que era una perdedora y que no le caía bien a nadie. Un día en particular se sintió herida porque una amiga la obvió en un culto de la iglesia. El problema que Brenda tenía en ese momento era ese acto de su amiga. Se sentía herida y solitaria. Cuando le pregunté qué clase de pensamientos tenía acerca del incidente, dijo: «En realidad, no desea ser mi amiga» y «Es probable que esté enojada conmigo por algo que hice». Cuando le pregunté qué evidencia tenía para sostener semejantes pensamientos, Brenda se encogió de hombros y dijo que no tenía ninguna excepto que su amiga no la había saludado el domingo.

—Tal vez exista otra manera de mirar las acciones de tu amiga, Brenda —la guié—. ¿Qué otras razones tendría para no saludarte la semana pasada?

—No me imagino ninguna —dijo Brenda—. Bueno... quizá sea que no me vio. Tal vez estaba preocupada.

Animé a Brenda para que le diera a su amiga el beneficio de la duda y que no se precipitara a sacar conclusiones. Ante la sorpresa de esta joven, al domingo siguiente su amiga le sonrió ampliamente y dijo: «¡Hola! Te extrañé la semana pasada. ¿No estabas aquí?». Brenda se sintió conmocionada. Era verdad que su amiga no la había visto. No la había pasado por alto a propósito.

La semana anterior, Brenda había sufrido sentimientos genuinos e intensos de dolor y tristeza, no debido a que su amiga no la saludara, sino porque interpretó el comportamiento de su amiga de una manera negativa. Cuando cambió sus pensamientos sobre la situación, sus emociones no fueron tan dolorosas. Cuando comenzamos a examinar nuestros pensamientos y a identificar nuestros sentimientos, reconocemos que algunos de los pensamientos que tenemos acerca de nuestro problema no son ciertos.

Cuando la adopción se frustró, no bastó que admitiera que estaba furiosa con Dios para resolver el problema. En cuanto comencé a identificar y a examinar mis pensamientos acerca del carácter de Dios me sentí desafiada con una interpretación más verídica de quién es Dios. Las emociones fluirán con naturalidad de acuerdo a lo que pensamos, de modo que es importante que desafiemos cualquier falso pensamiento o que solo tenga una parte de verdad.

Al comienzo de este capítulo vimos lo que Juan sentía (enojo) como respuesta al comportamiento de María. No obstante, echemos una mirada a algunos de los pensamientos de Juan (véase Cuadro 3.2).

Ahora tenemos que hacernos la pregunta: ¿Los sentimientos de Juan de dolor, ira y enojo se debían a la situación o a los *pensamientos* que tenía sobre la situación? Otro esposo puede tener una manera del todo diferente de pensar acerca del descuido de su esposa de guardar los lápices; por lo tanto, ese esposo puede tener sentimientos y reacciones muy diferentes a los de Juan.

El esposo de Janet murió luego de una corta enfermedad. Solo tenían cinco años de casados y casi todo ese tiempo la relación fue tumultuosa. Las cosas apenas comenzaban a mejorar cuando

Cuadro 3.2

Problema de Juan	Pensamientos	Sentimientos
María dejó de nuevo los lápices fuera de lugar.	Le he dicho un millón de veces que no lo haga	enojo
	Nunca me escucha.	frustración
	Lo hace a propósito para molestarme.	irritación
	No se preocupa por mí.	dolor, tristeza
	Tengo que darle una lección que jamás olvide para que no vuelva a hacerlo.	ira

Ramón se enfermó y murió. Janet se sentía devastada. Luchaba con los sentimientos comunes de tristeza y pérdida, pero su tristeza estaba compuesta por culpa y remordimiento. Veamos los pensamientos de Janet como se muestran en el Cuadro 3.3.

Los sentimientos de tristeza que Janet experimentaba con respecto a la muerte de su esposo son perfectamente comprensibles y adecuados. No cabe duda de que lo extrañaría y que su vida cambiaría para siempre. Sin embargo, también vemos que Janet experimentaba culpa y remordimiento, una gran desesperación y otras emociones que no tenían relación con la pérdida. Algunas se relacionaban con otros pensamientos que tenía con respecto a su situación. Para tratar con sus sentimientos de culpa y remordimiento, Janet iba a tener que examinar esos pensamientos

Cuadro 3.3

Problema	Pensamientos	Sentimientos
muerte de su esposo	Lo extrañaré.	tristeza
	Tendría que haberle demostrado más que lo amaba.	culpa, remordimiento
	No fui una esposa muy buena.	culpa, remordimiento
	Nunca más volveré a ser feliz.	desesperación, desdicha

con cuidado a fin de determinar si cada uno de ellos era verdad, era verdad en parte o no eran verdad en absoluto.

A diferencia de Janet, otra viuda (1 Samuel 25) tuvo una respuesta emocional muy diferente ante la muerte de su esposo. Abigaíl estaba casada con Nabal, a quien se describe como un necio. Luego de un ataque de furia producido por la bebida, Nabal se desplomó y murió. Veamos la respuesta de Abigaíl (véase Cuadro 3.4).

Cuadro 3.4

Problema	Pensamientos	Sentimientos
muerte de Nabal	Muy bien, me alegro Dios se lo llevó	alivio, felicidad

Abigaíl tuvo una reacción emocional muy diferente frente a la muerte de su esposo. Aun en una situación tan dramática como la muerte de un cónyuge, nuestra respuesta emocional será, en gran parte, el resultado de nuestra manera de pensar al respecto.

Lo que pensamos contra lo que es verdad

Es importante que nos demos cuenta de que, aunque nuestros pensamientos y sentimientos son muy poderosos, no siempre nos dicen la verdad. Por ejemplo, Sión se lamenta en Isaías 49:14: «El SEÑOR me ha abandonado;

el Señor se ha olvidado de mí». Cuando pensamos que el Señor nos ha abandonado o se ha olvidado de nosotros sentimos una profunda angustia. Aunque Israel sentía y pensaba de esta manera, Dios se esforzó por asegurarle que esos pensamientos no eran verdad. En los versículos 15 y 16 Dios responde: «¿Puede una madre olvidar a su niño de pecho, y dejar de amar al hijo que ha dado a luz? Aun cuando ella lo olvidara, ¡yo no te olvidaré! Grabada te llevo en las palmas de mis manos; tus muros siempre los tengo presentes».

Cuando sentimos que Dios nos ha abandonado, es porque *pensamos* que lo ha hecho; pero no es verdad. Comenzaremos a entender y a cambiar nuestras respuestas emocionales a los problemas de la vida cuando pensemos de acuerdo a la verdad y veamos la situación como la ve Dios. Esto no quita todas las emociones desagradables ni dolorosas. La pasión de Cristo en el huerto de Getsemaní es un ejemplo. Jesús tuvo verdaderos sentimientos de dolor, traición, tristeza y temor. Sin embargo, decidió confiar en Dios durante la semana más difícil de su vida terrenal. No podemos confiar solo con el intelecto. Debemos luchar a diario para expandir nuestra fe más allá de nuestra mente y hacerla llegar al corazón mientras aprendemos a creer y a confiar en Dios por completo.

Al discernir la verdad de nuestros pensamientos, podemos encontrarnos con una variedad de errores que interpretan mal la verdad y traban el proceso de examen personal.

El juego de la culpa: ¡Es tu culpa!

En lugar de mirarnos a nosotros y a nuestros pensamientos y sentimientos, algunos creemos que la situación es la que produce los sentimientos. Decimos: «Me pones nervioso», o «Si este enjambre de autos se moviera, no me sentiría tan exasperado», o «Es todo por tu culpa. Si no hubieras hecho esto o aquello, no me habría enojado tanto». Juan, que se ponía furioso a menudo con su esposa, María, pensaba que si ella cambiaba su forma de ser, él no se sentiría tan enojado y furioso. Estaba convencido de que la desorganización de María era la que causaba sus sentimientos de enojo. Estaba equivocado. Aunque las cosas que María hacía eran las causantes de las dificultades de Juan, no eran las causantes de sus sentimientos. Si eso fuera realidad, Juan nunca podría cambiar a menos que María cambiara primero.

Por lo general, nos resulta más fácil echarle la culpa a los demás que buscar la causa en nuestro corazón. El juego de la culpa es tan viejo como el género humano. Adán le echó la culpa a Eva por sus acciones equivocadas y Eva le echó la culpa a la serpiente. Moisés culpó a los israelitas cuando Dios le llamó la atención por perder los estribos. Sin embargo, Dios no aceptó estas excusas y responsabilizó a cada persona por su respuesta pecaminosa ante la situación. Si es cierto que los otros pueden causar nuestras respuestas, ¿por qué Dios nos hace responsables de nuestra actitud y comportamiento? Nuestras respuestas reflejan lo que hay *en* nosotros en lugar de lo que nos han hecho *a* nosotros.

Jesús se entristeció ante la incredulidad de sus discípulos. Se sintió herido por la irreverencia y la crueldad humana, pero nunca les echó la culpa a los demás por sus respuestas. Las respuestas que tenía frente a los problemas de la vida fluían de lo que era y no de lo que le habían hecho. En el caso de Cristo, sus respuestas siempre fueron puras y buenas, ya que fluían de un corazón sin pecado. Para madurar, debemos dejar de culpar a los demás y debemos comenzar a examinar nuestro propio corazón.

La trampa de los derechos: Tengo derecho a responder así

Luego de veintiséis años de matrimonio con una mujer crítica y demandante, a Roberto le parecía que tenía derecho a sentir amargura y odio. «Usted no sabe todo lo que he tenido que soportar durante estos años», me dijo. «He tratado de ser un buen esposo, de ser un líder espiritual en mi hogar y todo lo que obtengo es más dolor. No me merezco esta clase de matrimonio. Ya no la soporto más. Quiero divorciarme».

El matrimonio de Roberto era un caos. Su esposa era una mujer egoísta que vivía enojada y que no tenía mucha capacidad de mirar su propio corazón. La respuesta de Roberto a su esposa era comprensible, hasta normal, pero estaba muy lejos de lo que Jesús deseaba desarrollar en él. Es probable que su esposa nunca cambiara. Entonces, ¿qué trataba de hacer Dios en el corazón de Roberto mediante este matrimonio difícil que lo ponía a prueba? ¿Cómo podía llegar a tener la visión de algo mucho más grandioso que una vida de hogar feliz y amorosa con una buena mujer?

Los sentimientos de dolor, traición, enojo o tristeza son reacciones normales ante el maltrato o el abuso. Lo que hacemos con esos sentimientos se convierte en una decisión importante en nuestro crecimiento y madurez. Podemos dejarlos crecer y que se enconen como se infecta y se llena de pus una herida que no se atiende, o podemos reconocer la herida y progresar hacia el perdón y la sanidad. Al desarrollar la naturaleza de Cristo dentro de nosotros, Él no solo nos dice sino que nos muestra cómo manejar las emociones más difíciles de dolor, traición, maltrato y abuso. Nunca leí que Jesús se alegrara ni regocijara durante esas experiencias. Le dolían como a nosotros. Sin embargo, no permitió que su dolor se enconara transformándose en una amargura que lo hiciera sentir desahuciado, desesperado ni con derecho a recibir algún trato en especial. Amó a sus enemigos, oró por ellos y los perdonó.

Tomás y Juana perdieron a su único hijo debido a la despiadada crueldad de una persona. Una noche, cuando Tomás, hijo, se encontraba trabajando en la tienda de comestibles local, un asaltante lo asesinó brutalmente por unos pocos dólares. Su cuerpo quedó guardado en el congelador. Atraparon al asesino y este confesó su crimen. Tomás y Juana lloraron. Se sentían tristes, dolidos y con el corazón destrozado. Era normal, pero también sentían algo más. En lugar de responderle al asesino con ira y enojo, le extendieron la misericordia y el perdón a este hombre que ni siquiera conocían. Se acercaron con el amor de Dios al joven asesino preso y lo visitaron fielmente durante los años que siguieron a la muerte de su hijo.

Algunas veces nos parece que esta clase de amor y misericordia frente al odio y al abuso le debe haber resultado sencilla a Cristo porque no tenía pecado. Sin embargo, la Escritura dice que Jesús fue tentado en todo como nosotros, aunque sin pecado

(Hebreos 4:15). Por esta razón, debemos acercarnos a Él con confianza en los tiempos de necesidad más profunda.

Como esposo solitario, Roberto podía escoger concentrar su energía en conocer y amar a Cristo en lugar de tratar de tener una relación buena y satisfactoria con su esposa. Este enfoque lo capacitaría para parecerse más a Cristo al perdonar y amar a su esposa. En 1 Pedro 4:19 se le aconseja al cristiano que sufre: «Así pues, los que sufren según la voluntad de Dios, entréguense a su fiel Creador y sigan practicando el bien».

La trampa de las pretensiones de superioridad moral: Tengo razón; por lo tanto, mi respuesta es buena

Detesto admitirlo, pero casi siempre en una discusión pienso que tengo razón. Puedo argumentar bastante bien y a veces soy muy poco cariñosa al expresar mi punto de vista. No insulto. Por lo general, ni grito. Sin embargo, mi actitud de superioridad moral y el tono que uso pueden destilar desprecio, como si mi versión de la realidad fuera la *única* verdad que existe.

La causa en pro de la vida siempre ha ocupado un lugar especial en mi corazón. Tal vez se deba a las luchas personales que tuve al tratar de tener un segundo bebé, pero prefiero creer que se debe a que mi corazón siente lo mismo que el corazón de Dios con respecto a este tema. Es probable que haya un poco de las dos cosas. He participado en debates en televisión y en campus universitarios con los activistas que apoyan el derecho al aborto. He marchado en manifestaciones pacíficas en apoyo a esta causa. Le he abierto mi casa a una madre soltera. No obstante, dentro de este movimiento hay algunos que creen que por el solo hecho de estar «de parte de Dios» en este asunto, sus acciones (sean cuales sean) expresan la justa ira de Dios.

Cuando estamos enojados y creemos que tenemos la razón, debemos tener cuidado de no excusar ni justificar una respuesta pecaminosa. El apóstol Pablo nos advierte que si nos enojamos, no pequemos. Resulta tentador jugar a ser Dios y ejecutar su ira y su juicio cada vez que nos parezca que nuestra causa es la adecuada, ya sea en el plano personal o político. De todos modos, nuestra ira, al igual que todas nuestras emociones, siempre pasa a través de nuestro corazón pecador. Por lo tanto, debemos tener cuidado con la forma en que nos expresamos en estas oportunidades.

El hoyo del mártir: Todo está bien

A Victoria la criaron unas buenas personas que le enseñaron una lección mortal. Tenían buenas intenciones, pero esta lección casi la mata. Le enseñaron a no expresar jamás ninguna emoción negativa y a no levantar la voz en su defensa. «Los buenos cristianos, en especial las buenas niñas cristianas, *nunca* se enojan, ni se sienten desanimadas, ni dicen que no».

Victoria vino en busca de consejería porque su médico se lo recomendó.

—Todo está muy bien —dijo sonriendo sentada en el borde de la silla—. No sé *por qué* el médico pensó que necesitaba consultarla.

Para sondear, le pregunté por su matrimonio.

—Es maravilloso —dijo.

—¿Y qué me dices de las demás relaciones?

—Son buenas.

—Cuéntame de tu andar con Jesús —le pregunté.

—Está bien —dijo mientras seguía sentada en el borde de la silla y seguía sonriendo.

—Bueno, Victoria —le dije—, parece que en tu vida todo marcha de maravilla. De paso, ¿cómo anda tu salud?

—La mayor parte del tiempo me siento bastante bien —dijo—, a no ser por algunos problemas menores que tengo hace un tiempo en el estómago. Tengo una úlcera sangrante y tengo problemas para comer.

El cuerpo de Victoria revelaba el secreto que ella mantenía escondido tan bien detrás de su sonrisa. No todo andaba bien en su vida, pero ella pensaba que hablar de ello, o siquiera admitirlo para sí, era una señal de debilidad. Si lo hacía, quería decir que no era espiritual y que era desleal. Detrás del rostro sonriente de Victoria había años de enojo y dolor acumulados. No tenía acceso a esas emociones ya que su manera de pensar le decía que no estaban permitidas. Cuando comenzó a permitirse *sentir*, se dio cuenta de que no todo estaba bien en su hogar, en su matrimonio, en sus amistades ni en su vida espiritual. En cuanto se permitió sentir estas emociones pudo tener acceso a los problemas de su vida.

LA MANERA EN QUE ACTUAMOS

Juan y María respondían de maneras diferentes a la tensión que había en su matrimonio. Sus pensamientos eran diferentes y sus comportamientos muy distintos. Juan reaccionaba gritando, menospreciando y criticando a María, y algunas veces hasta dándole empujones cuando se airaba. María no actuaba así frente a los problemas matrimoniales. Se retraía, resentía y tenía temor, caía en el silencio y lloraba. A.W. Tozer dice: «El pensamiento despierta los sentimientos y estos provocan la acción. Así estamos hechos y será mejor que lo aceptemos»[3]. (Véase Cuadro 3.5).

Como creyentes, la mayor parte de nosotros puede estar en condiciones de reconocer ciertas conductas y acciones en las vidas de Juan y María que están mal o que son pecaminosas. Juan dijo que se comportaba como lo hacía porque María le causaba mucho disgusto. María dijo que se comportaba como lo hacía porque Juan la hacía sentir muy disgustada.

Así como nuestros sentimientos fluyen de nuestros pensamientos, nuestro comportamiento fluye de la combinación de los pensamientos y los sentimientos. Por lo general, todo sucede con tanta rapidez que no los separamos a los tres. Como cristianos tendemos a ser más conscientes del pecado en la esfera de nuestra conducta o nuestras acciones. Cuando las identificamos y tratamos de cambiar solo nuestra conducta sin considerar los pensamientos y los sentimientos que la motivan, estamos condenados a repetir las mismas acciones y, por lo general, a fracasar en lograr cualquier cambio duradero en nuestra vida.

A fin de entendernos mejor, debemos comenzar a asumir toda la responsabilidad por *nuestros* sentimientos, *nuestros* pensamientos y *nuestras* acciones. Nos puede resultar más fácil echarle la culpa de estas cosas a nuestros problemas o dar otras excusas, pero si lo hacemos, no maduraremos. Una vez más, lo único que hacen los problemas es revelar lo que ya está en nuestro corazón.

Lucas 6:43-45 dice: «Ningún árbol bueno da fruto malo; tampoco da buen fruto el árbol malo. A cada árbol se le reconoce

Cuadro 3.5

Problema de Juan	Acciones de Juan
fallo de María en guardar de nuevo los lápices	explota, llega a ser verbalmente abusivo
Problema de María	**Acciones de María**
El comportamiento airado de Juan	se retrae, se vuelve silenciosa

por su propio fruto. No se recogen higos de los espinos ni se cosechan uvas de las zarzas. El que es bueno, de la bondad que atesora en el corazón produce el bien; pero el que es malo, de su maldad produce el mal, *porque de lo que abunda en el corazón habla la boca*» (cursivas añadidas). Muy a menudo nos concentramos en cambiar de conducta y le damos poca importancia a lo que sucede en nuestro corazón. Tomás de Kempis dijo: «Debemos escudriñar nuestro interior con diligencia y poner en orden tanto en el hombre exterior como el interior porque ambos son importantes para nuestro progreso en la santidad»[4]. El propósito de Dios en nuestra vida es glorificarse al restaurar su imagen en nosotros. Utiliza nuestros problemas para ayudarnos a crecer en Él. El costo que resulta de pensar siempre que nuestros sentimientos y nuestras acciones se deben a los problemas es permanecer en la inmadurez emocional y espiritual.

Un alfarero no puede darle forma a la arcilla endurecida. Esta debe ser suave y maleable. Solo entonces el alfarero puede moldearla con las manos para formar lo que desea. Algunas veces somos obstinados y no estamos dispuestos a que nos forme a su imagen. De vez en cuando, por nuestro propio bien, Dios necesita rompernos a través de nuestros problemas para suavizar nuestro corazón y para traerlo a un lugar en el que pueda ser moldeado de acuerdo a su modelo, listos para hacer las buenas obras para las cuales nos crearon en Él (Efesios 2:10).

COMIENZOS DEL CAMBIO

A medida que maduramos en nuestra fe, reconocemos que ciertas respuestas a los problemas son pecaminosas y entonces procuramos cambiar. Como lo hizo Juan al fin, debemos procurar contener la lengua, irnos de la habitación, o de lo contrario, contenernos de expresar nuestra ira de maneras pecaminosas. Este es un buen primer paso hacia el cambio en nuestras respuestas, y a Dios le agrada el cambio de nuestras respuestas en obediencia fiel a su Palabra.

No obstante, debemos profundizar más si deseamos tener un cambio duradero en nuestra vida interior y no solo en nuestras conductas. Debemos desafiar nuestros sentimientos y pensamientos a fin de estar más en sintonía con la perspectiva de Dios. Debemos cambiar nuestros sentimientos al ocuparnos con diligencia a interpretar las situaciones que enfrentamos con sinceridad. Que hagamos esto, no siempre quiere decir que cambiemos nuestras emociones negativas en positivas. Algunas veces reconoceremos que estamos tristes, dolidos o enojados porque nos enfrentamos a una verdadera pérdida. Otras veces nos daremos cuenta de que, tal vez, hemos interpretado mal una situación o a otra persona. Debemos preguntarnos: *¿La manera* *en que veo esta situación es adecuada? ¿Existe otra manera de mirarla?*

Cuando la adopción fracasó, así comencé. Escuché lo que me decía. Algunas cosas eran verdad. Por ejemplo: *No podré adoptar a este bebé y la madre biológica me traicionó.* Las emociones dolorosas que se desprendían de esos pensamientos eran bastante difíciles, pero se basaban en la verdad. Un examen más exhaustivo reveló mis pensamientos acerca de Dios y su carácter. Esos pensamientos eran mentiras, pero mi ira era real porque los *creía.* El cambio comienza por preguntar: *¿Lo que me digo está de acuerdo con la Palabra de Dios? ¿Cuál perspectiva es más veraz, la mía o la de Dios?*

A continuación, trasladamos el proceso de nuestra mente al corazón cuando nos preguntamos: *¿Rendiré mi corazón a la perspectiva de Dios o me aferraré con terquedad a mi propia versión de la realidad?* Este es el punto en el que, por lo general, nos quedamos atascados. Algunas veces estamos ciegos o cortos de vista y es probable que necesitemos ayuda para obtener una perspectiva más clara.

Mientras trabajaba con Juan y María, ayudé a Juan a examinar sus pensamientos escribiéndolos cada vez que se sentía enojado o irritado con ella por alguna razón. Le pedí que creara un cuadro similar a los de estos capítulos con las categorías problema-pensamiento-sentimiento-comportamiento. Este ejercicio lo obligó a examinar algunos de sus pensamientos y creencias irracionales. Le dije que se preguntara: *¿Estos pensamientos son verdad? ¿Existe otra manera de interpretar el comportamiento de María?* No podemos cambiar nuestros sentimientos sin considerar el pensamiento que existe detrás de la emoción, y no podemos cambiar nuestro comportamiento sin mirar los pensamientos y los sentimientos que lo acompañan.

Si deseas realizar cambios en tu vida, comprométete delante del Señor a fijarte no solo en tus conductas pecaminosas, sino también en tus pensamientos y sentimientos. Comienza por llevar todo pensamiento cautivo a la obediencia a Cristo (2 Corintios 10:5). Él revelará las mentiras que te dices. Algunas veces surgirán asuntos sobre los cuales tienes que trabajar para quedar libre y convertirte en lo que Dios espera.

Nuestros problemas siempre despiertan una respuesta de nuestro corazón. Ser conscientes de nuestras respuestas es el segundo paso del Principio de la VERDAD. Sin embargo, aun cuando lo hagamos, algunas veces nos encontramos atascados en comportamientos, sentimientos y pensamientos repetitivos. Juan se las ingenió para controlar mejor sus estallidos de cólera, pero tuvo verdaderos problemas para librarse de sus expectativas con respecto a María. Esto lo mantuvo concentrado en ella en vez de hacerlo en su propia inmadurez, lo cual impidió su crecimiento. El siguiente paso del Principio de la VERDAD nos ayuda a ahondar en las motivaciones ocultas de nuestro corazón para comprender mejor lo que nos impide alcanzar un cambio más duradero.

Tiempo de reflexión

1. Tiempo de examen personal. Comienza a escribir un diario de comportamiento con el modelo problema-pensamiento-sentimiento-comportamiento. Comienza con tus sentimientos. Identifícalos y luego anota en el diario la situación o el problema que los provocó. Si tienes dificultades con esto, empieza a nombrar la categoría general del sentimiento (por ejemplo, *tristeza, enojo, dolor, susto, sorpresa, confusión, felicidad*). Luego trata de encontrar una palabra que describa mejor la intensidad de la emoción. A continuación anota tus pensamientos sobre la situación. Registra todo lo que te vengan a la mente. En este momento, no los examines de acuerdo a si son verdaderos o racionales; solo anota lo que piensas en forma natural. Fíjate cómo tus sentimientos

reflejan tus pensamientos. Luego comienza a cuestionarte los pensamientos. ¿Son verdad? ¿Qué evidencia tienes para respaldarlos? ¿Existe otra manera de mirar la situación? ¿Cuál puede ser la perspectiva de Dios en tu situación? Por último, no olvides anotar cómo actúas en respuesta a tus problemas.

2. ¿De qué manera has culpado a otros o has usado los errores de pensamiento de los demás que se encuentran en este capítulo para excusar tus respuestas pecaminosas en los problemas de la vida? Comienza hoy a asumir la responsabilidad por tus sentimientos, pensamientos y comportamientos en respuesta a los problemas. Lee con cuidado Lucas 6:43, y pídele a Dios que te muestre las cosas en tu corazón que alimentan estas respuestas.

3. Lee Lamentaciones 3. Crea un cuadro sencillo. ¿Cuáles eran los problemas de Jeremías? ¿Cuáles eran sus sentimientos? ¿Cuáles eran sus pensamientos acerca de Dios y sus problemas? Fíjate en los versículos 17 y 18 cómo los sentimientos de Jeremías reflejaban sus pensamientos. Luego fíjate en el cambio que se produce en los pensamientos de Jeremías en el versículo 21 y el consiguiente cambio en su corazón. La situación nunca cambió. Lo único que cambió fue la perspectiva de Jeremías. Sin embargo, ese cambio en la manera de pensar fue decisivo en cuanto a cómo se sintió Jeremías con respecto a Dios y la situación que enfrentaba. ¿De qué manera un cambio de perspectiva, desde tu propia versión de la realidad a la perspectiva de Dios, te ayuda a responder de manera diferente a la dificultad que hay en tu vida en este momento? Pídele a Dios que te muestre la verdad. A medida que te muestra la verdad, ¿se rendirá tu corazón? Si tu corazón no entra en el proceso, tu experiencia con Dios quedará en tu mente y no lograrás desarrollar una confianza más profunda en Él.

Capítulo cuatro

ÍDOLOS OCULTOS
DEL CORAZÓN

*En el agua se refleja el rostro, y en el corazón se refleja
la persona.*
PROVERBIOS 27:19

Como consejera, he tenido muchas oportunidades de hablar
en conferencias y retiros. En el pasado, esto me producía
una ansiedad tremenda. A veces sentía incapacidad física debido
a mi temor. ¿Cuál era el problema? ¿Qué podía hacer para no
estar tan ansiosa? ¿Debía reclamar Filipenses 4:6 y tenía que orar
para que Dios me ayudara? Eso fue lo que hice. Luego, examiné
mis pensamientos de ansiedad y los desafié con la verdad. Después de todo, ¿qué era lo *peor* que podía pasar si *hacía* el ridículo? Sin embargo, todavía seguía luchando muchísimo con la
ansiedad física. ¿Debía confesar mi ansiedad como pecado? Eso
fue lo que hice... pero seguí sintiéndome ansiosa. *¿Qué andaba
mal?*, me preguntaba. *¿Por qué no me da resultado la Palabra de
Dios? ¿Por qué no cambio?*

Estas preguntas se encuentran en los corazones de muchos
creyentes. Oramos y leemos la Biblia, pero también nos quedamos atascados en patrones repetitivos de inmadurez y pecado.
Tratamos de cambiar y tal vez progresamos un poco, pero luego
volvemos a caer en las viejas conductas que nos resultan conocidas.

A lo largo de las edades, los hombres y mujeres que han
intentado comprender la sanidad de las almas se han hecho dos
preguntas muy importantes: «¿Por qué hacemos lo que hacemos?»

y «¿Cómo podemos cambiar?». Muy a menudo, incluso como cristianos, hemos buscado las respuestas en los filósofos, en los sicólogos seculares y en los sociólogos. Sin embargo, pienso que estas preguntas se responden mejor desde el punto de vista teológico.

¿POR QUÉ HACEMOS LO QUE HACEMOS?

Es importante que respondamos la pregunta *por qué somos como somos*. A menudo tratamos de echarle la culpa a nuestro pasado por las dificultades que tenemos en este momento. ¿Los problemas que tenemos se deben a lo que nos sucedió? ¿Se deben a la manera en que nos criaron o a las desventajas o enfermedades culturales de la sociedad? Algunas personas víctimas de abusos en la niñez o a las que de alguna manera se les pusieron otros obstáculos para madurar hacen frente a un sufrimiento importante y legítimo en su vida de adultos. No obstante, por qué somos como somos es algo mucho más engañoso que no tiene relación directa con lo que nos sucediera en el pasado. No hacemos lo que hacemos por lo que *nos ha sucedido*, sino por lo que hay *dentro de nosotros*.

La conocida historia de Adán y Eva es importante para entender las raíces de ciertas reacciones que tenemos. Dios puso a Adán y a Eva en el jardín. Les dio una relación matrimonial maravillosa en la cual no existían inhibiciones entre ambos. Les dio privilegios y responsabilidades. Debían gobernar sobre los animales y trabajar en el exuberante jardín que les había dado. No existía el estrés. No había ningún bagaje ni trauma del pasado. Su mundo era perfecto, y eran idealmente adecuados el uno para el otro. Entonces, ¿qué salió mal?

Con este telón de fondo, Dios dejó en claro su autoridad y su derecho a gobernar a sus criaturas, y les dio un mandamiento: que no comieran del fruto del árbol del conocimiento del bien y del mal. A continuación, vino la prueba. ¿Adán y Eva estarían dispuestos a optar por creer que los caminos de Dios eran los mejores? ¿Se someterían de forma voluntaria a Él? La serpiente comenzó su trabajo seductor con Eva. Desafió la autoridad de Dios y su derecho a gobernarla. Satanás lo logró apelando a los deseos de Eva y cuestionando el carácter de Dios. *Parece buena para comer y me dará conocimiento para ser igual a Dios*, se dijo Eva. La tensión aumentó. ¿Eva estaba dispuesta a rendirse de forma voluntaria a Dios obedeciéndole y negándose a sí misma lo que deseaba: el fruto que era tan apetecible?

Esta es una pregunta que todos debemos hacernos, sin importar cómo haya sido nuestra crianza, nuestro pasado, nuestro entorno cultural o si nuestra vida ha sido ventajosa o no. *¿Dios es bueno y tiene autoridad en mi vida y el derecho a gobernarme?* Eva pecó porque creyó las mentiras de Satanás. Esto le hizo dudar de la bondad de Dios y confiar en sí misma más que en Él. Entonces, ¿qué había en Eva a lo cual apeló Satanás? ¿Fue su inocencia? Esto solo no la hubiera hecho pecar. Había algo más que operaba en ella. Satanás atrapó a Eva al apelar a sus deseos.

Soy muy golosa. Las galletas son mi perdición. No me preguntes por qué, pero mi postre favorito son las galletas con trocitos de chocolate, las que son duras y crujientes. Las de jengibre, las rellenas con crema de vainilla o las que tienen nueces no me tientan en absoluto. ¿Por qué? Porque no deseo esa clase de galletas. Me encantan las que tienen trozos de chocolate. Estas galletas son las que me tientan a excederme. Puedo comerme cinco o seis de una sola vez sin ningún problema.

La tentación solo puede dar a luz al pecado cuando apela a algo que ya está dentro de nosotros que la atrae como si fuera un imán. A estas cosas que atraen la tentación la Biblia las llama nuestros *deseos*. Alguien describió una vez nuestros deseos como «la energía atómica de nuestra alma». Son los que nos dan energía, dirección, concentración y placer. Cuando Satanás se aprovecha con éxito de nuestros deseos, ya sean buenos o pecaminosos, caemos en pecado.

Satanás apeló al deseo de Eva de tener conocimiento y control. Fantaseó con la idea de ser como Dios y de tener la autonomía y los privilegios que se asocian con esa posición. Al final, Eva no se rindió de forma voluntaria a la autoridad de Dios. En su lugar, reafirmó su deseo de gobernarse. Deseaba ser su propia autoridad y tomar sus decisiones. Adán pronto la siguió.

En mi caso, la ansiedad que sentía al tener que hablar en público provenía de un legítimo deseo de caerle bien a la gente y de que aprobaran lo que tenía que decir. Cuando temía que no recibiría eso y que tal vez quedaría en ridículo, me ponía ansiosa. En lugar de arrepentirme de mi ansiedad, debía aprender que esta no era más que un simple síntoma de que mi orgullo se veía amenazado (a través de mi deseo de aprobación y elogio). En cuanto renuncié a estos deseos y confié en Dios con relación a mi ministerio como oradora, pude quedar libre de mi ansiedad. No es que no desee caerle bien a la gente o que no desee que les guste lo que digo. La diferencia es que ya no lo *necesito* para estar bien. El aplauso de la humanidad no es algo muy importante para mí. Antes de hablar en público, realizo un control para ver si quedan remanentes de ansiedad y de temor al hombre. Esas son las pistas que me indican que mis deseos se están estimulando. Le entrego esos deseos a Dios y hablo para su gloria, no para la mía. Entonces, ya no tengo que estar ansiosa por mi desempeño.

TRES IMPEDIMENTOS PARA ALCANZAR LA MADUREZ CRISTIANA

La parábola del sembrador y la semilla (Marcos 4) es una historia importante que ilustra mejor esta idea. Jesús describe a un agricultor que planta semillas. No todas las semillas plantadas maduraron para convertirse en plantas fuertes y saludables que dieran fruto. Algo les impidió o detuvo su crecimiento.

El primer grupo que Jesús describe en esta parábola es el que escucha la Palabra, pero no la recibe ni la guarda en su corazón. A estas personas no les interesa una relación con Dios. Sus corazones están endurecidos. No tienen madurez porque no tienen vida espiritual.

El segundo grupo que se describe es el de los que, cuando escuchan la Palabra, de inmediato responden en sus corazones con gozo, pero nunca desarrollan raíces. ¿Recuerdas lo que le sucede a la planta que no tiene raíces? Se muere y nunca da flores ni frutos. El fruto es el resultado del crecimiento y la madurez de una planta. Una planta no puede madurar si no tiene raíces sanas. Jesús dice que la clase de fe representada por las plantas sin raíces muere en cuanto aparecen los problemas o la persecución. La fe de algunas personas carece de profundidad y, por lo tanto, no puede sostener ninguna clase de crecimiento. Nunca maduran para convertirse en lo que espera Cristo.

El tercer grupo es el de los que reciben la semilla y permiten que eche raíces, pero las semillas crecen entre espinos que las asfixian y les impiden ser fructíferas y tener una madurez profunda. ¿Cuáles son estas espinas que bloquean el crecimiento y el desarrollo en la vida cristiana?

1. Las preocupaciones de la vida

Cuando Sofía vino en busca de consejería, estaba exhausta tanto en lo físico como lo emocional. Le habían dicho que suspendiera todas las actividades y ella sabía que debía hacerlo, pero sin querer volvía una y otra vez a su rutina excesiva. Decía que deseaba cambiar, pero que no podía. ¿Cuál era el problema de Sofía? ¿Qué había *dentro* de Sofía que permitía que la tentación de sobrecargarse volviera a encenderse para que cayera de nuevo en los patrones que le resultaban conocidos?

Sofía era aprensiva. Estaba ansiosa y sentía temor de que si dejaba de hacer todo lo que hacía, la gente se enojaría con ella. Ese pensamiento le molestaba mucho. Aun cuando Sofía reunía todo su valor para decirle que no al pedido de alguien, si esa persona expresaba la más mínima desilusión ante su rechazo, se sentía terriblemente culpable. Los pensamientos de Sofía daban vueltas una y otra vez en torno a lo egoísta que era y de cómo tendría que haber estado dispuesta a hacer más si fuera una mejor cristiana.

¿Qué le impedía a Sofía ser todo lo que Dios esperaba de ella? Sus preocupaciones. Se preocupaba por lo que los demás pensarían de ella y temía su desaprobación. Sentía una constante presión para estar a la altura de las expectativas de todos, lo que le dejaba poco tiempo para reflexionar en qué Dios deseaba en realidad de ella.

Sofía no puede conquistar su problema de excederse en las actividades y de estar exhausta aprendiendo a ser más firme o simplemente a decir que no. Lo ha intentado, pero cuando se siente tentada a comenzar de nuevo con su rutina de hacer cosas, le resulta difícil resistirse. Para tener un cambio profundo, tendrá que fijarse en *por qué* hace lo que hace; tendrá que identificar sus *deseos*. No todos los que se sobrecargan de actividades lo hacen por la misma razón. Algunas personas desean alcanzar el éxito y la fama, pero estos deseos no son los que se apoderan de Sofía. Desea algo más. Desea que todos se sientan felices con ella todo el tiempo. Le encanta que la gente la quiera y la necesite. Sofía desea agradar a la gente. Hasta que no esté en condiciones de comprender por qué estos deseos son tan grandes que gobiernan sus acciones diarias, Sofía seguirá prisionera de la preocupación de que su comportamiento agrade a los demás y continuará con el agotamiento físico y emocional, y ni qué hablar de la inmadurez espiritual.

Aunque las preocupaciones de Sofía se encontraban arraigadas en el deseo de complacer a la gente, las preocupaciones de otros pueden desprenderse de deseos diferentes. En mi caso, algunas veces le «recuerdo» a mi hijo adulto algunas cosas que, muy en lo profundo, me preocupan. ¿Se acordó de pagar su cuenta? ¿Se anotó en ese curso que se canceló y en el que debe volver a inscribirse? Trato de controlar mi preocupación controlándolo a él. Deseo que sea independiente y responsable. Cuando eso no sucede con la rapidez que me parece que debería suceder, me preocupo. En otros casos, la preocupación puede provocarse por el deseo de ser perfecto o por el deseo de tener armonía. Jesús nos dice que las preocupaciones (que surgen de los deseos que tenemos y que se ven amenazados) impedirán la madurez y el crecimiento en la semejanza de Cristo.

2. El autoengaño

Al igual que Adán y Eva, Dios nos ha hecho seres dependientes que lo necesitamos para todo. San Agustín dice que nuestra alma se encuentra agitada hasta que encuentra descanso en Él[1]. Sin embargo, al tener una naturaleza pecaminosa, nos han engañado para que pensemos que en realidad no necesitamos a Dios. Creemos (como creía Eva) que si tan solo logramos alcanzar ciertas cosas o cierto conocimiento, no tendremos que depender por completo de Dios. Podemos ser autosuficientes.

Cuando creemos que nuestra seguridad en la vida proviene de amasar tesoros (ya sean materiales, sociales, intelectuales o espirituales), estamos engañados. La mentira continúa cuando en lo profundo de nuestro corazón, creemos que podemos estar seguros y en paz si tenemos lo suficiente de cualquier cosa que pensemos que necesitamos. Cuando nuestro corazón cree esta mentira, a continuación deseamos esas cosas. Sin embargo, Dios nos advierte acerca de esta clase de engaño. Isaías 31:1 dice: «¡Ay de los que descienden a Egipto en busca de ayuda, de los que se apoyan en la caballería, de los que confían en la multitud de sus carros de guerra y en la gran fuerza de sus jinetes, pero no toman en cuenta al Santo de Israel, ni buscan al SEÑOR!». En 1 Timoteo 6:17 se nos enseña: «A los ricos de este mundo, mándales que no sean arrogantes ni pongan su esperanza en las riquezas, que son tan inseguras, sino en Dios, que nos provee de todo en abundancia para que lo disfrutemos».

Nos engañamos cuando descansamos seguros en nuestras riquezas o en nosotros mismos en lugar de hacerlo en Dios. Tal vez sea por eso que Jesús dijera que es más fácil que un camello pase por el ojo de una aguja que un rico entre al reino de los cielos. Incluso los que no son ricos en bienes materiales pueden caer presas de este engaño. *Desean* la riqueza y creen que si la tuvieran, sus vidas estarían seguras. Aun sin tener riquezas, caen en el deseo de autonomía y de seguridad propia en lugar de sentir seguridad en Dios.

3. Otros deseos del corazón

Los deseos internos, ya sean buenos o malos, pecaminosos o no, son el tercer impedimento para alcanzar la madurez. Cualquier cosa que compita con el lugar de Dios en nuestro corazón será un impedimento para crecer y dar fruto. Luego de un par de sesiones de consejería, Juan se dio cuenta de que su comportamiento hacia María era malo. Confesó sus explosiones de enojo y su comportamiento abusivo como pecados y trató de cambiar. Se ocupó de sus pensamientos y eso le ayudó a no sentirse tan irritado algunas veces. Con todo, había ocasiones en las que sencillamente explotaba. No lograba identificar qué sucedía porque se presentaba de repente. Juan no sabía qué otra cosa hacer. María tampoco. Se sentía desanimada pensando que para ellos las cosas nunca cambiarían. Juan se daba cuenta de que su temperamento explosivo no agradaba a Dios. También reconocía que su manera de pensar era la causante de su ira más que el comportamiento de María, pero aun así deseaba que María cambiara. Es más, ella *debía* cambiar, o al menos, eso era lo que pensaba.

—En este mismo momento, ¿qué deseas de María? —le pregunté a Juan.

—Sencillamente deseo que me entienda, que entienda lo molesto que es esto para mí. Ni siquiera intenta dejar de hacer esas cosas estúpidas.

—Y cuando María no puede o no quiere dejar de hacer las cosas que te molestan, Juan, ¿qué te sucede? —le pregunté.

100

—Sencillamente pierdo el control. No puedo soportar que no cambie. Después de todo, se supone que tiene que amarme y someterse a mí. No pido algo que no sea razonable.

A esta altura, muchos consejeros cristianos se darían vuelta y le preguntarían a María por qué no escucha las necesidades de Juan y se aviene a su requerimiento. Por cierto, no es poco razonable que trate de ser más organizada en la casa. Aunque este enfoque es comprensible, le quitaría a Juan la oportunidad de verse con mayor claridad y la oportunidad de cambiar y madurar.

Juan deseaba que María cambiara para agradarlo y para satisfacer su deseo de orden. Lo que Juan deseaba de María (sumisión, orden, comprensión y amor) eran deseos legítimos, pero él permitía que esos deseos gobernaran su corazón. Cuando no obtenía lo que deseaba su corazón, se enfurecía.

Al igual que Juan, muchas veces nos engañamos cuando lo que deseamos es algo bueno. No es pecado desear que tu cónyuge te comprenda, que tus hijos te obedezcan ni que alguien te ame. Estos deseos son buenos y legítimos. El problema surge cuando nuestros deseos se convierten en lo que *más* queremos o *creemos* que necesitamos para vivir. En ese momento, los deseos legítimos se vuelven *demasiado* importantes. *Gobiernan* nuestro corazón y detienen el desarrollo de la naturaleza de Cristo en nosotros. Dios quiere que deseemos más que cualquier otra cosa conocerlo y parecernos a Él. Cuando permitimos que otros deseos, aunque sean buenos y legítimos, ocupen el primer lugar en nuestra vida, no podemos parecernos a Jesús. ¿El deseo de nuestro corazón es agradar a Dios o agradarnos a nosotros mismos? ¿Nuestro deseo es glorificarle a Él o ser felices?

Una paráfrasis aproximada de Santiago 1:13 dice que no debemos echarle la culpa de nuestras reacciones pecaminosas a las tentaciones ni a los problemas externos que se cruzan por nuestro camino. Debemos entender, en cambio, que cuando vienen los problemas o las tentaciones, nos producen un cosquilleo o atraen a los deseos que ya están en nuestro corazón. La atracción da a luz a los deseos pecaminosos que nos gobiernan.

¿Qué nos sucede? ¿Por qué nos quedamos atascados en la inmadurez, incluso como cristianos? La respuesta es sencilla: Porque no hemos rendido los deseos de nuestro corazón a la autoridad de Dios y alguien o algo fuera de Él se encuentra al mando de nuestra vida. Nuestros deseos adquieren vida propia. El engaño sigue involucrado en el proceso, tal como sucedió en el Edén. Nos engañan con facilidad porque lo que deseamos casi siempre parece razonable, muy bueno y muy adecuado. Sin embargo, nuestros deseos tienen un gran potencial para desviarnos y, con el tiempo, controlarnos.

En cierto retiro de matrimonios, hablé acerca de «Cómo vivir... cuando tu cónyuge actúa mal». A continuación, una mujer me preguntó cómo debía responder cuando su esposo no era cuidadoso en echarle gasolina al auto y siempre la dejaba con el tanque vacío. La respuesta normal frente a esto fue enojarse. Dijo que oraba para que Dios cambiara a su esposo e hiciera que le pusiera gasolina al tanque. También había orado para que Dios multiplicara la gasolina de modo que no se le acabara antes de llegar a su destino. A pesar de eso, sigue sintiéndose furiosa al ver que su esposo es tan desconsiderado. Le sugerí que si sus conversaciones con el esposo habían caído en oídos sordos, otro enfoque sería aceptarlo y asegurarse de tener siempre el tiempo y el dinero necesario para echarle ella misma la gasolina al auto. Me miró con los ojos muy abiertos y dijo: «¡Eso no es justo! ¿Por qué tengo que hacerlo?».

Tiene razón, no es justo. Es perfectamente razonable que su esposo sea considerado, y no está equivocada al desear consideración y justicia en su matrimonio. Aun así, se engaña si piensa que debe tener consideración y justicia en el matrimonio para vivir como Cristo hubiera vivido. Entonces es probable que su deseo por estas cosas se haya vuelto demasiado importante y ahora gobierne sus pensamientos y acciones, y ni qué hablar de sus emociones.

LOS ÍDOLOS DEL CORAZÓN

La palabra *ídolos* es un término poco conocido para los cristianos occidentales del siglo veintiuno. Tal vez logremos imaginarnos a los misioneros que tienen que enfrentar la adoración a los ídolos, pero no la asociamos con nosotros aquí en Estados Unidos. Sin embargo, la Palabra de Dios tiene mucho que decir sobre los ídolos, en especial los de nuestro corazón.

Nos diseñaron para adorar a Dios. Una definición de adoración es «respeto extravagante, admiración o devoción hacia un objeto de estima»[2]. En nuestro corazón adoraremos, nos haremos devotos y admiraremos de forma extravagante, las cosas que amamos o deseamos.

Sofía se dedicaba a agradar a la gente porque le encantaba el aplauso y la aprobación de otros. A Juan le encantaba el control, el poder, el respeto y la docilidad. Cuando creemos que *debemos* tener estas cosas para tener vida, hemos establecido un ídolo ante el cual inclinamos la cabeza. «El pecado es el desenlace de una relación equivocada que se establece entre dos creaciones de Dios»[3]. En lugar de adorar al Creador, adoramos a la criatura.

Cuando no sabía mucho acerca de la jardinería, planté unos lirios atigrados color naranja en el patio. Es lamentable, pero recibían la sombra de la parte del techo del garaje que sobresalía. Todos los veranos me divierto al observarlos estirar sus largos brotes y recostarse en forma casi horizontal fuera de la cobertura del techo, estirando el cuello hacia el sol. Algunas veces, durante este proceso, los brotes se rompen. Las flores no se diseñaron para crecer en forma horizontal. Se hicieron para crecer derechas. Al igual que mis lirios, nos inclinamos hacia nuestra fuente de alimento. Si nuestro alimento es la gente o las cosas en vez de Dios, nos inclinaremos en una posición antinatural e insalubre que dañará la persona que Dios diseñó en nosotros.

Ezequiel 14:1-5 describe a los ídolos del corazón.

Unos jefes de Israel vinieron a visitarme, y se sentaron frente a mí. Entonces el SEÑOR me dirigió la palabra: «Hijo de hombre, estas personas han hecho de su corazón un altar de ídolos malolientes, y a su paso han colocado trampas que los hacen pecar. ¿Cómo voy a permitir que me consulten? Por tanto, habla con ellos y adviérteles que así dice el SEÑOR omnipotente: "A todo israelita que haya hecho de su corazón un altar de ídolos malolientes, y que después de haber colocado a su paso trampas que lo hagan pecar consulte al profeta, yo el SEÑOR le responderé según la multitud de sus ídolos malolientes. Así *cautivaré el corazón* de los israelitas que por causa de todos esos ídolos malolientes se hayan alejado de mí"». (cursivas añadidas)

Dios desea transformar nuestro corazón para que deje de ser el de una persona natural y se convierta en el de una persona espiritual. Dios procura volver a capturar nuestro corazón para que se lo devolvamos. Desea ser nuestro primer amor y detesta los ídolos con los que lo hemos reemplazado. Romanos 8:5 dice: «Los que viven conforme a la naturaleza pecaminosa fijan la mente en los deseos de tal naturaleza; en cambio, los que viven conforme al Espíritu fijan la mente en los deseos del Espíritu».

La manera en que actuamos y vivimos se desprende de lo que hay en nuestro corazón. Un cambio de corazón requiere mucho más que un simple cambio de conductas pecaminosas, requiere más conductas parecidas a las de Cristo. Un cambio de corazón requiere que le permitamos a Dios que vuelva a arreglar los deseos de nuestro corazón. Las cosas que nos motivan en nuestro ser natural ya no deben controlarnos; en cambio, el amor de Cristo debe hacerlo, la gloria de Dios debe controlarnos y también la mente de Cristo.

¿Cómo sabemos si tenemos ídolos en el corazón? Quítalos de en medio y observa tu reacción. ¿Qué te sucede cuando no tienes el poder o el control, cuando no tienes paz y serenidad, cuando no tienes placer y aprobación, cuando no tienes respeto o seguridad, cuando no tienes una abultada cuenta bancaria, cuando no reconocen tus logros, cuando no te tienen en cuenta o te humillan? ¿Qué te sucede cuando las cosas no se hacen a tu manera? Muchas veces no sabemos que nuestro corazón está tan apegado a nuestros ídolos hasta que se ven amenazados. ¡Entonces luchamos como locos para quedarnos con ellos!

Santiago 4 describe la fuente de conflicto entre las personas. Dice que es el resultado de no obtener lo que se desea. Cuando nuestros deseos ocupan el primer lugar en nuestra vida, siempre van a interferir en nuestra relación con Dios y casi siempre en nuestra relación con los demás. Dios, en su gran amor hacia nosotros, siempre procura separar nuestros afectos de cualquier cosa que tome la preeminencia sobre Él en nuestro corazón. «Porque donde esté tu tesoro, allí estará también tu corazón» (Mateo 6:21). Él desea y merece el primer lugar.

El modo de ser que Dios nos dio es el de una criatura dependiente. Sin embargo, a partir de Eva nos hemos rebelado contra esa verdad. Hemos deseado ser nuestro propio dios o hacernos nuestros propios dioses. Oswald Chambers dice: «El pecado [...] no es obrar mal, es una mala *actitud,* es deliberada y enfática independencia de Dios»[4].

Dios es un Dios celoso. Es celoso de nuestro amor. Cuando amamos a las cosas más que a Él, lo detesta. Efesios 5 dice que cuando amamos a algo, lo alimentaremos y cuidaremos. Cuando amamos a nuestros ídolos, los abrazamos, los amamos, nos dedicamos a ellos y nos dedicamos a agradarlos, ya sea que se trate de nuestro amor a la aprobación, al dinero, al éxito, a tener la razón, que se trate de amor a nosotros mismos, al placer o a las personas. También somos esclavos de nuestros miedos, como el miedo al conflicto, al fracaso, a la desaprobación, al rechazo, a la humillación o al temor a la intimidad. Los miedos nos proporcionan una ayuda para mirar al otro lado de lo que amamos. Por ejemplo: Amamos el éxito; tememos el fracaso. Amamos la paz; tememos el conflicto. Amamos agradar a la gente y hacerlos felices; tememos su desaprobación o su rechazo.

En 2 Reyes 17:40-41 se ofrece un comentario triste sobre los hijos de Israel que me temo que se ajusta a muchos de nosotros también. «Sin embargo, no hicieron caso, sino que persistieron en sus antiguas costumbres. Aquellos pueblos adoraban al SEÑOR, y al mismo tiempo servían a sus propios ídolos. Hasta el día de hoy sus hijos y sus descendientes siguen actuando como sus antepasados».

¿CÓMO PODEMOS CAMBIAR?

Jesús nos contó en Marcos 12:30 que el mandamiento más importante es: «Ama al Señor tu Dios con todo tu corazón, con toda tu alma, con toda tu mente y con todas tus fuerzas». ¿De verdad amamos tanto a Dios? ¿Qué es lo que tú *más* amas? Para muchos de nosotros, los otros amores no son malos, solo están fuera de lugar. Amamos las cosas buenas, pero las amamos demasiado, más de lo que amamos a Dios. Lo que amamos es lo que *gobierna* nuestro corazón.

Cuando amamos a Dios, es infinitamente paciente con nuestra torpeza y nuestros errores al expresar ese amor. Por otra parte, detesta que finjamos amarle cuando nuestro corazón está apegado a alguna otra cosa. A esto lo llama adulterio espiritual (Jeremías 3; Santiago 4:4).

Fénelon, un siervo sabio de Dios, nos advierte: «No se sorprendan ante la severidad de su celo. Entonces, ¿de qué es tan celoso? ¿De nuestros talentos, de nuestra inteligencia, de la regularidad de las virtudes externas? Nada de eso. Es condescendiente y no es demandante con respecto a estas cosas. El amor solo es celoso del amor»[5]. Cometemos adulterio espiritual al permitir que otros amores controlen nuestro corazón y nuestra vida en vez de ser el amor de Dios y el amor hacia Dios lo que nos controle.

¿Qué era lo que Juan más amaba que le impedía cambiar su vida de verdad? Amaba el poder y el control. Amaba que las cosas se hicieran a su manera. Se amaba a sí mismo. Cuando miró a su carácter airado como el problema, no observaba el problema principal. Su carácter era un problema para María, pero era un síntoma del verdadero problema de Juan: sus ídolos. Le encantaba tener poder, tener control, tener la razón y que las cosas se hicieran a su manera mucho más de lo que amaba a María o incluso al Señor. Hasta que Juan no se arrepienta por amar a otras cosas más que a Dios y a su esposa, no estará en condiciones de mantener su carácter bajo control.

¿Y qué me dices de Sofía? A ella le encanta agradar a la gente y teme su desaprobación. Le encanta que la necesiten. No podrá cambiar su comportamiento complaciente con la gente a menos que comience a amar a Jesús más de lo que ama la aprobación de los demás.

Dios anhela nuestro amor así como el novio anhela el amor y la devoción de la novia. Es triste que lo que casi siempre hacemos es fingir que amamos a Dios siendo que lo que solo deseamos es disfrutar de los placeres de su amor. Nos encanta que nos amen, pero no nos esforzamos por madurar en nuestro amor hacia Dios.

¿Qué gobierna nuestro corazón? Lo que más amamos gobernará nuestro corazón. O para decirlo de otra manera, lo que más tememos perder es lo que nos controlará. Dios dice que es un Dios celoso y que desea ocupar el primer lugar en nuestro corazón. Muchos nos arrepentimos de conductas equivocadas, de pensamientos malos, pero no entendemos que no podemos crecer para llegar a parecernos más a Cristo a menos que nuestro corazón ame con mayor pasión a algo que no seamos nosotros mismos o nuestros deseos.

LAS CONSECUENCIAS DE NUESTRA IDOLATRÍA

La Biblia menciona algunas consecuencias serias de la idolatría. Jonás 2:8 dice: «Los que siguen a ídolos vanos abandonan el amor de Dios». Siempre abandonaremos una caminata más profunda con Dios cuando nos aferremos a las cosas que amamos más que a Él. Confiar en Dios y amarlo implica darle los deseos de nuestro corazón. Cuando nos deleitamos en Él, nos da los deseos de nuestro corazón, pues los deseos de nuestro corazón son sus deseos para nosotros. Dios no desprecia las cosas buenas en nuestra vida. Solo debemos asegurarnos que no las queremos por sobre todas las cosas. En este paso del Principio de la VERDAD, sacamos a luz los ídolos de nuestro corazón y comenzamos el proceso de cambio. Poner en orden nuestro corazón es asegurarnos que hemos sometido nuestro corazón, nuestros afectos, nuestra mente y nuestros deseos, a las cosas que Dios dice que son buenas y rectas. Le hemos dado el derecho de gobernarnos. Él se encuentra en el centro de nuestro corazón porque *es* el deseo de nuestro corazón.

Letanía de la humildad
Oh Jesús, manso y humilde de corazón,
Danos un corazón como el tuyo.
Del deseo de que me estimen,
    LÍBRAME, OH JESÚS.
Del deseo de ser amado,
Del deseo de ser ensalzado,
Del deseo de ser honrado,
Del deseo de recibir elogios,
Del deseo de ser preferido,
Del deseo de ser consultado,
Del deseo de ser aprobado,
Del deseo de ser popular,
Del temor a ser humillado,
Del temor a ser despreciado,
Del temor a sufrir reproches,
Del temor a ser calumniado
Del temor a ser olvidado,

Del temor a estar equivocado,
Del temor a ser ridiculizado,
Del temor a levantar sospechas,
De que otros puedan ser amados
JESÚS, CONCÉDEME LA GRA
Que otros sean estimados más que
Que en la opinión del mundo, otros puedan crecer y y
    decrecer,
Que elijan a otros y me dejen a mí a un lado,
Que otros reciban elogios y yo pase inadvertido,
Que prefieran en todo a los demás en vez de a mí.
Que otros puedan ser más santos, siempre y cuando yo
    pueda ser todo lo santo que deba [...]
Cordero de Dios, que quitas los pecados del mundo, ten
    compasión de nosotros, Señor[6].

TIEMPO DE REFLEXIÓN

1. Parte del proceso de examen personal que comenzamos en el capítulo 3, será buscar tus ídolos. La próxima vez que te sientas molesto, no solo pregúntate lo que sientes y piensas, sino lo que deseas. ¿Deseas ser feliz? ¿Deseas ser comprendido? ¿Deseas ser libre del estrés? ¿Deseas caerle bien a la gente? ¿Deseas tener buenas notas? ¿Deseas tener hijos obedientes? Cuando identifiques lo que deseas, ¿estás dispuesto a dejarlo de lado por Jesús? ¿Te parece que si Él no te permite tener el deseo de tu corazón es porque te ama y porque su corazón sabe lo que es mejor para ti? Si decide no permitirte tener lo que deseas, ¿estás dispuesto a rendirle esa decisión en fe?

2. Lee la exhortación de Jesús a la iglesia de Éfeso en Apocalipsis 2. Dice que hizo muchas cosas buenas y que siguió las reglas, pero que perdió su primer amor. Tal vez ese sea el cuadro de

cristiana. ¿Cuál ha sido el deseo más profundo de tu corazón? ¿El amor de Dios y el amor hacia Dios es lo que te controla y ordena tu vida, o te has dado cuenta de que otros deseos, incluso legítimos y buenos, se han inmiscuido en el primer lugar? ¿Cuáles son?

3. En el capítulo 1 se recuerda que nuestro amor hacia Dios crece de nuestro entendimiento y de nuestra experiencia con el amor que nos tiene Él. Pasa algún tiempo con Dios meditando en su amor por ti. Un buen lugar para empezar es concentrarnos en la cruz. Romanos 5:8 dice: «Dios *demuestra* su amor por nosotros en esto: en que cuando todavía éramos pecadores, Cristo murió por nosotros» (cursiva añadida).

   Lee Efesios 3:17-19. Pablo ora para que seamos arraigados y cimentados en el amor de Dios.

4. Para un estudio más a fondo, toma una concordancia y busca la palabra *deseo*. Lee todos los versículos que hablan sobre nuestros deseos y de cómo gobiernan y controlan al hombre natural. Luego de venir a Cristo, la Escritura nos enseña que debemos desarrollar nuevos deseos.

   Haz una lista de lo que desea el hombre natural. Fíjate en la diferencia entre los deseos malos y los deseos que son buenos, pero que se han vuelto demasiado importantes. Comienza a rendir de manera consciente tus deseos a Dios para que Él pueda hacer contigo lo que desee.

CAPÍTULO CINCO

LA VERDAD: EL ESPEJO
DE NUESTRO CORAZÓN

Santifícalos en la verdad; tu palabra es la verdad.
JUAN 17:17

Un domingo después del culto en la iglesia mi esposo y yo condujimos de vuelta a casa en medio de una fuerte tormenta de lluvia. Nuestro hijo, Ryan, estaba cómodamente amarrado a su sillita para el auto. Había pasado la hora de su almuerzo y estaba muerto de hambre (al menos, desde su perspectiva). Unos fuertes gemidos y algunas lágrimas gigantes nos dijeron lo que ya sabíamos. Se sentía muy desesperado e infeliz con nosotros. ¿Cómo era posible que nos quedáramos allí sentados sin hacer nada? Con sus seis meses de edad, aunque no podía hablar, sus ojos me comunicaban con claridad sus mensajes: «Mami, ¿por qué no te ocupas de mí? Estoy sufriendo y tengo hambre. ¿Cómo es posible que te quedes allí sentada, mirando cómo sufro?».

En ese momento, la limitada percepción de la realidad que Ryan tenía era su verdad. Desde su punto de vista, nosotros no nos preocupábamos. No lo amábamos. Sus llantos pidiendo alivio nos resbalaban. Sin embargo, había algo que Ryan no sabía y que yo no le podía comunicar. Como era peligroso, no podía sacarlo de su asiento para acurrucarlo contra mi pecho. El camino estaba resbaladizo y la visibilidad mala. No quería correr el riesgo de tenerlo en brazos y tener un accidente. Solo quería llegar a salvo a casa. Existía una realidad mayor que Ryan no captaba y que se aplicaba a la situación. Estaba fuera de su alcance y yo ni siquiera se la podía explicar. Era demasiado pequeño para comprender.

En medio de mi angustia materna, Dios me habló con suavidad al corazón:

Esto es lo que sucede contigo, Leslie. Cuando gritas y lloras delante de mí y piensas que no te escucho o que no me preocupo por ti, eso no es verdad. Sencillamente es que no comprendes mis caminos. Eres demasiado pequeña (o inmadura) como para captar lo que hago o por qué lo hago. Dios dijo: «Porque mis pensamientos no son los de ustedes, ni sus caminos son los míos [...] Mis caminos y mis pensamientos son más altos que los de ustedes; ¡más altos que los cielos sobre la tierra!» (Isaías 55:8-9).

NUESTROS CORAZONES SON PROPENSOS AL ENGAÑO

Como seres humanos, nuestro orgullo puede engañarnos para hacernos pensar que somos la fuente de nuestra propia verdad. Antes de la caída, nuestra razón, lógica, intuición, imaginación y las emociones estaban calibradas para captar la verdadera realidad. Después de la caída, nuestra naturaleza se volvió pecaminosa y ahora todas nuestras habilidades están manchadas y dañadas (Jeremías 17:9). Así como mi hijo no podía captar la verdad de la situación debido a sus limitaciones, nosotros no podemos discernir la verdad ni la realidad aparte de Dios.

Cuando asistía a la universidad, trabajaba en el ministerio de Cruzada Estudiantil y Profesional para Cristo. Tal vez en el campus universitario más que en ninguna otra parte, la razón y el intelecto de la persona interfieren y no les permite venir a Cristo. «¿Cómo puedes creer sinceramente que Cristo nació de una virgen?», me reprendió un estudiante. «No es posible que haya resucitado de los muertos», se burlaba otro. «Si me hago cristiano, quiere decir que tengo que dejar el cerebro en un estante».

Estos milagros son imposibles de acuerdo al razonamiento y a la lógica humana, pero Dios nos dice que el intelecto y la razón del ser humano son limitados y pueden engañarnos cuando se convierten en la fuente definitiva de la verdad y la realidad. El Salmo 14:1 señala: «Dice el necio en su corazón:

"No hay Dios"», y en Isaías 47:10 dice: «Tú has confiado en tu maldad, y has dicho: "Nadie me ve". Tu sabiduría y tu conocimiento te engañan cuando a ti misma te dices: "Yo soy, y no hay otra fuera de mí"».

Cuando somos nuestra propia fuente de la máxima verdad, nuestro corazón es propenso a dejarse engañar por un falso sentido de seguridad y confianza en las cosas equivocadas.

Los profetas le advirtieron al pueblo de Israel que no cayera en la trampa de la falsa seguridad; viene el juicio, decían. (Véase, por ejemplo, Isaías 32:9-14).

No solo la razón humana está manchada, nuestra intuición e imaginación pueden engañarnos y hasta pueden hacer que cuestionemos nuestra propia lógica. Tomás vino en busca de consejería lleno de miedo, temiendo que iba a morir. Describió diversos dolores físicos que pensaba que eran enfermedades catastróficas. Su médico procuró asegurarle que todo estaba bien, pero Tomás no le creía. También luchaba con el temor a los incendios. Cada noche, antes de irse a dormir, revisaba todos los tomacorrientes y los equipos de su hogar para asegurarse que estuvieran apagados. Sin embargo, en cuanto se acostaba, su mente comenzaba a acelerarse. Imaginaba que había olvidado cerrar algo. Este pensamiento generaba la imagen de un fuego que escapaba de todo control y veía a la gente que moría. Debía recordar que sí había desenchufado todo, pero su imaginación seguía corriendo a todo galope hasta que tenía que levantarse para revisar otra vez. Esta rutina podía seguir adelante durante horas. La imaginación de Tomás competía con su razón y con la lógica, y ninguna de las dos le proporcionaba ninguna clase de confianza en la verdad.

Los sentidos pueden engañarnos. Pueden hacernos creer que los placeres temporales traen gozo y deleite a nuestra alma.

Pueden engañarnos haciéndonos creer que algo malo (como las drogas, las relaciones sexuales ilícitas o la pornografía) es bueno. Produce una *sensación* muy buena. Nuestros sentidos la registran como algo agradable y divertido. Lo justificamos de manera racional en nuestra mente. Sin embargo, Dios dice que al final nos causará la ruina. «Se alimentan de cenizas, se dejan engañar por su iluso corazón, no pueden salvarse a sí mismos, ni decir: "¡Lo que tengo en mi diestra es una mentira!"» (Isaías 44:20).

El apóstol Pablo describe este proceso en el primer capítulo de su carta a los Romanos. Dice que, por naturaleza, suprimimos la verdad de Dios y, en nuestra condición pecadora, cambiamos la verdad de Dios por una mentira. Como personas caídas, lo hacemos de manera automática y natural. Por lo general, no se trata de un pensamiento consciente ni de una decisión. «El pecado se originó en el oscurecimiento de la mente y del corazón del ser humano que se apartó de la verdad sobre Dios para abrazar una mentira acerca de Él y, como consecuencia, todo un universo de mentiras acerca de su creación. Los pensamientos pecaminosos, las palabras y las acciones fluyen de este corazón entenebrecido en forma automática y compulsiva, como el agua que sale de una fuente contaminada»[1].

A menudo me golpea la enormidad de autoengaños en los que la gente se enreda con naturalidad. Al trabajar con personas que han experimentado el abuso de sus padres, he podido dar una mirada a vuelo de pájaro no solo de las mentiras del enemigo, sino de las maneras en que los niños cambian en forma natural la verdad por las mentiras.

Carla fue víctima de abuso sexual por su padre desde que tenía cinco años. Gran parte del trabajo que Carla tuvo que hacer durante la consejería no giró en torno a lo sucedido (aunque era pecaminoso y terrible), sino alrededor de lo que Carla hizo con lo sucedido. Desde el comienzo del abuso deshonesto, Carla intentó darle un significado a lo que le sucedía. ¿Por qué la hería su padre? Comenzó a responder a sus preguntas con conclusiones que tenían perfecto sentido para una mente de cinco años, pero que en realidad eran una mezcla de mentiras.

Carla se dijo que debía ser una niña muy mala para que su padre le hiciera esto. Creyó que Dios estaba enojado con ella por permitir que su padre la tocara sin detenerlo ni sin decírselo a alguien. También se dijo que era una persona enferma por disfrutar un poco de la atención que recibía de su padre durante el abuso.

La mayor parte del trabajo que Carla tuvo que hacer durante la terapia fue aprender a identificar y a deshacer las mentiras que se dijo sobre el abuso sexual, y tuvo que poner la experiencia bajo la luz de la verdad de Dios. Esa era la única fuente de sanidad. Si el corazón de Carla cambiaba la verdad de Dios por una mentira, ¿cuál era la verdad? ¿Qué dice Dios acerca de lo que le sucedió a Carla? La verdad es que Dios ama a los niños. Ella era un regalo precioso para sus padres. Dios aborrece lo que hizo su padre. Era normal que ella disfrutara de la atención especial de su padre, eso les pasa a todas las niñas. La verdad es que ella era la víctima y su padre el autor del delito. Por más que a Carla le resultara terriblemente doloroso admitirlo, la verdad desde la perspectiva de Dios era que su padre usó con maldad su posición de poder e influencia en la vida de su hija para satisfacer sus propósitos egoístas. Lo que hizo, a Carla la lastimó de manera terrible. Solo podría experimentar sanidad y liberación de los devastadores efectos del abuso sexual de su niñez si enfrentaba la verdad.

Tanto Tomás como Carla estaban engañados al creer cosas falsas de sí mismos y de sus situaciones. De manera similar, podemos engañarnos para creer cosas falsas acerca de Dios. Ana pensaba que había cometido el pecado imperdonable. Soltera y embarazada, se hizo un aborto. Pensaba que Dios no podía perdonarla. La culpa y el pesar la abrumaban. Bajó de peso y no podía dormir. Cuando se encontró con la buena noticia de que Jesús perdona los pecados, incluso los grandes, Ana se quedó inmóvil. Sabía que eso era lo que Dios decía, pero no lo creía en su corazón. Cambió la verdad de Dios por la mentira de que el aborto es *tan* malo que es imperdonable.

Por otra parte, Susana estaba convencida de que Dios estaba a favor de su aborto. Creía que Dios deseaba que tuviera seguridad financiera y bien casada antes de traer un niño al mundo. Como no tenía seguridad ni felicidad, Susana se engañó para creer que Dios apoyaba su decisión de abortar a su hijo nonato.

En la edición de enero-febrero de 1998 de *Treating Abuse Today* había un artículo que describía una parte de la filosofía de *North American Man/Boy Love Association* (NAMBLA) [Asociación estadounidense de amor hombre-niño]. NAMBLA pretende hacer creer que las relaciones sexuales entre hombres adultos y niños son buenas. Creen que la única razón por la que son dañinas es porque la sociedad tiene prejuicios negativos en su contra[2]. Nuestras mentes pueden engañarnos para hacernos pensar que estamos obrando bien cuando, en realidad, estamos haciendo cosas muy malas. Dios dice: «¡Ay de los que llaman a lo malo bueno y a lo bueno malo, que tienen las tinieblas por luz y la luz por tinieblas, que tienen lo amargo por dulce y lo dulce por amargo!» (Isaías 5:20).

En nuestra cultura, el individuo se ha convertido en la fuente suprema de la verdad. Desde el período de las luces durante el siglo dieciocho, hemos hecho énfasis en el individuo y en su habilidad para usar su razón y pensamiento como la fuente final de la verdad. Como cultura, hemos llegado a definir la verdad en forma interna (es decir, lo que pienso o siento es verdadero o recto), en lugar de definirla en forma externa a través de las Escrituras o de la iglesia[3]. Todos hemos escuchado la frase: «Puede ser verdad para ti, pero no para mí». Nuestra cultura ha perdido la confianza en la verdad objetiva separada del sentido propio del conocimiento de algo. Quizá sea por eso que muchos cristianos describen un cisma entre su mente y su corazón. Saben que lo que Dios dice es verdad, pero su propia concepción de las cosas no llega a creerlo.

Jesús describe a Satanás como el «padre de la mentira» (Juan 8:44). Su objetivo siempre ha sido confundir a la gente acerca de esta verdad. Procura destruirnos acusándonos de nuestros pecados (Apocalipsis 12:10) y haciendo que nuestro corazón dude de Dios y crea que alguna otra cosa aparte de Dios nos puede traer vida. Engañó a Eva haciéndola dudar de la bondad de Dios y de su plan para ella. Eva pecó cuando dudó de la capacidad de Dios para gobernar con amor su vida y comenzó a confiar en su propia manera de percibir las cosas. Lo que es verdadero y real nunca puede discernirse por completo buscando en uno mismo las respuestas. Somos vulnerables a que nos desvíen, nos confundan o nos engañen. Dios le recordó a Israel por medio del profeta Jeremías que les había dado órdenes a sus antepasados: «Obedézcanme. Así yo seré su Dios, y ustedes serán mi pueblo. Condúzcanse conforme a todo lo que yo les ordene, a fin de que les vaya bien». Sin embargo, como aprendemos en el siguiente versículo, «ellos no me obedecieron ni me prestaron atención, sino que siguieron los consejos de su terco y malvado corazón. Fue así como, en vez de avanzar, retrocedieron» (Jeremías 7:23-24).

¿DÓNDE ENCONTRAMOS LA VERDAD?

«Una de las raíces de la enfermedad mental es invariablemente un sistema de mentiras entrelazadas que nos han dicho y otras que nos hemos creído nosotros mismos»[4]. Solo a través del conocimiento de la verdad comenzamos a traer luz a los lugares oscuros de nuestro corazón. La verdad suprema, o la verdadera realidad, de la cual hablé en el capítulo 2, nunca se puede encontrar en el conocimiento ni la experiencia humana. La verdad es algo mucho mayor que esto. No es algo que aprendemos; la verdad es *Alguien* que conocemos.

Jesús dijo que Él es la Verdad (Juan 14:6) y que decía la verdad. En los Evangelios, Jesús dijo más de setenta veces «Les aseguro». Jesús oró para que seamos santificados (o transformados) mediante la verdad y confirmó que la Palabra de Dios es la verdad (Juan 17:17).

El Salmo 119 está lleno del total compromiso del salmista a seguir la Palabra de Dios como la verdad. El salmista ora: «Manténme alejado de caminos torcidos; concédeme las bondades de tu ley. He optado por el camino de la fidelidad, he escogido tus juicios» (Salmo 119:29-30).

Dios y su Palabra son la única fuente de verdad objetiva. «Yo soy el SEÑOR tu Dios, que te enseña lo que te conviene, que te guía por el camino en que debes andar» (Isaías 48:17). El intelecto humano es incapaz de captar al Dios eterno. Debe darle lugar a la fe, la cual es superior al intelecto o la razón. «La fe es la escalera que nos conduce al punto de ventaja desde donde podemos contemplar, a través de un cristal misterioso, las cosas profundas de Dios»[5]. Cuando nuestra razón, nuestra lógica, nuestras emociones, intuiciones o imaginaciones entran en conflicto con lo que dice Dios, ¿a quién creeremos? ¿En quién confiaremos? Eva cayó en pecado porque creyó lo que la serpiente dijo en lugar de creer lo que Dios le había dicho. Dios quiere que le creamos *a* Él, no solo que creamos *en* él. Anhela nuestra confianza, aun frente a las evidencias contradictorias. La definición más sencilla de la fe se encuentra en Génesis 15:6: «Abram creyó al SEÑOR, y el SEÑOR lo reconoció a él como justo». Dios y las Escrituras son nuestra fuente de verdad. Hebreos 6:18-19 nos dice que Dios no miente y tenemos esta seguridad como un ancla para nuestra alma.

LA VERDAD SOBRE LA HUMANIDAD

Un día, durante una sesión de terapia, Amelia dijo:

—¿Sabes?, en realidad no me gusta ese himno «Sublime Gracia».

—¿No? —contesté con curiosidad de saber el porqué.

—No me gusta esa palabra *perdido*. ¡Yo no soy una perdida!

«En la actualidad, vivimos la mentira de que somos personas "bastante buenas"que algunas veces "cometemos errores"»[6]. Debido a esta forma de pensar, detestamos ver nuestras fallas e imperfecciones, para no mencionar el horror de nuestros pecados más profundos.

Los que luchamos con el peso, evadimos subirnos a la balanza o mirarnos en un espejo de cuerpo entero después de darnos una ducha. Preferimos no saber la verdad.

De la misma manera, muchos luchamos en contra de ser sinceros ante Dios y su Palabra. El salmista clama: «Examíname, oh Dios, y sondea mi corazón; ponme a prueba y sondea mis pensamientos. Fíjate si voy por mal camino, y guíame por el camino eterno» (Salmo 139:23-24). Dios es luz, y en la luz de su presencia es que nos vemos de manera real. Sin embargo, muchos de nosotros huimos de estas fuentes de verdad como de las balanzas y los espejos, y no pasamos tiempo en la presencia de Dios pidiéndole que nos revele lo que hay en nuestro corazón. Hasta que no nos pongamos bajo la luz del Espíritu de Dios y su Palabra, seguiremos ignorantes y engañados acerca de nuestra verdadera condición.

Recuerdo la historia de una mujer que estaba bien engalanada para una fiesta con un hermoso vestido blanco. Cuando bajó del automóvil, otro auto que pasaba la salpicó con agua. Pensando que las gotas de agua pronto se evaporarían, la mujer continuó caminando hacia la casa donde se desarrollaba a toda marcha la fiesta a la cual asistía. Para su consternación, al acercarse a las brillantes luces del vestíbulo, se dio cuenta de que no la habían salpicado con agua limpia que se evaporaría, sino con agua lodosa de color marrón. En cuanto se puso bajo la luz de otro, en este caso, la casa, pudo ver su verdadera condición.

Jesús es la Verdad, y la Verdad cambia los corazones y las vidas de las personas. Conocer la verdad es «alinearse con la verdadera forma en que son las cosas»[7]. Estar envuelto en una relación con Jesús es un proceso en el que debes permitir que la

Palabra de Dios y su Espíritu te examinen. «Ante ti has puesto nuestras iniquidades; a la luz de tu presencia, nuestros pecados secretos» (Salmo 90:8). Si la verdad no entra en nuestro corazón y nos hace arrepentir, amar y obedecer más a Dios, es simple intelectualismo teológico.

Jesús nos mostró el camino hacia una vida plena. Nos dijo: «Si alguno quiere venir en pos de mí, niéguese a sí mismo, y tome su cruz, y sígame. Porque todo el que quiera salvar su vida, la perderá; y todo el que pierda su vida por causa de mí, la hallará. Porque ¿qué aprovechará al hombre, si ganare todo el mundo, y perdiere su alma?» (Mateo 16:24-26, RV-60). El mundo nos enseña exactamente lo opuesto. Nos enseña que la manera de tener una vida plena es satisfacer al «yo» y hacernos felices. ¿En quien confiaremos? Solo tenemos una vida para vivir. No podemos seguir tanto a Dios como al «yo».

Por tradición, hemos considerado la afirmación de Jesús desde una perspectiva limitada, pensando que habla de perder nuestra alma en la condenación eterna. Aun así, creo que la pregunta que Jesús hace abarca más que eso. Nos pide que consideremos lo siguiente: ¿Qué podemos ganar en la vida luchando por obtener cosas que en definitiva terminarán haciéndonos perder todo? La palabra *alma* no es solo espiritual; es nuestra esencia, lo que somos, no solo en la eternidad, sino ahora. Se refiere a aquello para lo cual nos crearon originalmente; en otras palabras, se refiere a nuestro ser. Nuestra alma somos nosotros y nos crearon para relacionarnos con Dios, para amarlo y disfrutar de Él *para siempre*. Nuestra verdadera alma anhela estar conectada con Dios. Cuando nos unimos a Él, alcanzamos el máximo potencial como seres humanos, que es darle gloria. Sin embargo, en nuestro obstinado autoengaño y en nuestra rebelión, conectamos en cambio nuestra alma a todo lo que es falso: los ídolos de nuestro corazón.

La historia del joven rico (Marcos 10:17-22) nos proporciona un buen ejemplo de alguien inconsciente y engañado. En su historia, el joven le pregunta a Jesús qué obra *buena* debe hacer para obtener la vida eterna. Jesús le dice que bueno hay solo uno, pero que debería obedecer los mandamientos. El joven desea saber de forma específica qué mandamientos debe obedecer. Ya sabía que guardaba los mandamientos, pero trata de demostrarle a Jesús que es bueno. Al saber lo que se propone este joven, Jesús comienza el proceso de sacar a la luz su corazón. Le dice: «Ya sabes los mandamientos: "No mates, no cometas adulterio, no robes, no presentes falso testimonio, no defraudes, honra a tu padre y a tu madre"» (Marcos 10:19). El joven le dice que ha guardado todos esos mandamientos. «¿Hay algo más?», pregunta. Aquí es cuando Jesús le apunta directo al corazón y lo trae a la luz de la verdad.

El relato nos cuenta que «Jesús lo miró con amor» (v. 21). Lo cierto es que Jesús deseaba estar en relación con este hombre, pero el joven estaba concentrado en guardar las reglas. Jesús conocía su corazón. Le dijo: «Una sola cosa te falta: anda, vende todo lo que tienes y dáselo a los pobres, y tendrás tesoro en el cielo. Luego ven y sígueme». Cuando el joven escuchó esto, «se fue triste porque tenía muchas riquezas» (v. 22).

Las reglas no nos cambian, Jesús sí. Él le dijo a aquel joven que el único mandamiento que no había guardado era el más importante. «Ama al Señor tu Dios con todo tu corazón, con toda tu alma, con toda tu mente y con todas tus fuerzas» (Marcos 12:30). Jesús puso al descubierto los otros amores de este joven cuando le dijo que vendiera todas sus posesiones. Cuando el joven se alejó, confirmó que en su corazón había lo que Jesús ya sabía: su riqueza, no su amor hacia Dios. Aquel joven rico no estaba dispuesto a negarse a sí mismo para conocer y amar a Jesús. La parte más triste de toda la historia es que se quedó con su dinero, pero se perdió.

Dios siempre quiere tener el primer lugar. La verdad de Dios apela no solo a nuestro intelecto, sino a nuestro corazón, donde reside nuestra voluntad. Seguir la verdad de Dios no es estar de acuerdo mentalmente con ella; es obedecerla y seguirla de manera radical. Nuestra voluntad es nuestro timón interno, que nos guía hacia lo que pensamos y lo que nos parece que más necesitamos en la vida. Nos mueve hacia donde la razón, las emociones y los sentidos han determinado que es bueno y donde están las mejores cosas. Estas a cambio determinarán qué es lo que amaremos y a qué adoraremos. Si la verdad de Dios no guía nuestra razón, lógica, imaginación y nuestros sentimientos, estos serán siempre ídolos. Debemos someternos, someter nuestro intelecto y nuestra razón, nuestra imaginación, intuición y emociones, a la autoridad y la dirección de la verdad de Dios. Recuerda, Dios nos ha creado para que disfrutemos de Él para siempre. La vida se encuentra en Él y debemos parecernos a Él. Cualquier otra cosa inferior es la muerte de nuestro verdadero ser, en esta vida y en la venidera. A Dios le encanta saber que lo deseamos a Él más que a ninguna otra cosa (Salmo 42:1; Salmo 73:25).

Siempre me ha asombrado que un avión pueda volar en medio de la oscuridad total. El piloto debe confiar en sus instrumentos y no en su lógica ni en su propio sentido de la vista, en su equilibrio ni en su oído. Para guiar el avión, confía en una verdad mayor o una realidad que se encuentra más allá de su percepción. Negarse a esto sería un desastre. Aun así, un piloto no aprende de la noche a la mañana a usar los instrumentos que lo guían. Tiene un aprendizaje y una práctica para usar estas herramientas y aprende a confiar en que ellas lo guíen incluso a través de la noche más oscura.

Como cristianos, nosotros también debemos aprender a confiar en alguien mayor que nosotros para que nos guíe. No somos capaces de ver ni de conocer toda la verdad, pero hay uno que sí puede hacerlo. «Confía en el SEÑOR de todo corazón, y no en tu propia inteligencia. Reconócelo en todos tus caminos, y él allanará tus sendas» (Proverbios 3:5-6).

PRACTIQUEMOS LA PRESENCIA DE DIOS

Creer por fe es un nivel en la vida cristiana; caminar por fe es otro. «Dichosos los que saben aclamarte, SEÑOR, y caminan a la luz de tu presencia» (Salmo 89:15). Si es que vamos a entrar en nuestra capacidad mayor y más real como seres humanos, necesitamos entrar en otra dimensión de la realidad que no es común a la experiencia humana. Jesús nos mostró el camino. Vivió cada día en una realidad centrada en Dios y cuando fue llevado al cielo, prometió que nos daría el Espíritu de verdad, asegurándonos que la presencia de Dios estaría dentro de nosotros (Juan 14:16-17).

Practicar la presencia de Dios en los términos más simples significa rendirnos a la autoridad de Dios y tomar conciencia del reino espiritual que nos rodea. Quiere decir que le permitimos al Espíritu Santo enseñarnos a ver todas las cosas desde la perspectiva de Dios. La madre Teresa practicaba la presencia de Dios y tenía el poder para trabajar con los más pobres de los pobres de Calcuta. Cada día pasaba horas en oración a fin de preparar su corazón para el trabajo. Por lo tanto, se convirtió en alguien capaz de ver a la gente con un par de ojos diferentes. Los veía como a «Jesús disfrazado de angustia»[8], tal como nos dicen las Escrituras que «todo lo que hicieron por uno de mis hermanos, aun por el más pequeño, lo hicieron por mí» (Mateo 25:40).

Una moda reciente entre los adolescentes es las alhajas *What-Would-Jesus-Do* (WWJD) [Qué haría Jesús]. Practicar la presencia de Dios también quiere decir comprender y tratar de hacer lo que haría Jesús, pero es más que eso. Significa procesar a diario la realidad de nuestra experiencia con la verdad de quién es Dios y qué dice. Quiere decir que debemos crecer para entender la mente de Dios, cómo piensa, cómo siente y qué desea. Significa vivir sincronizados con nuestro Creador y usar cada momento para poner en práctica su propósito.

Stephen Covey nos cuenta una experiencia que tuvo un domingo por la mañana mientras viajaba en un subterráneo de Nueva York.

La gente estaba sentada en silencio, leyendo el periódico, perdida en sus pensamientos o descansando con los ojos cerrados. Era una escena tranquila y pacífica.

Entonces, de pronto, entraron en el vagón un hombre y sus hijos. Los niños eran tan alborotadores e indomables que al instante cambió todo el ambiente.

El hombre se sentó junto a mí y cerró los ojos, al parecer abstraído de la situación. Los niños vociferaban de aquí para allá, arrojando objetos, incluso arrebatando los periódicos de la gente. Era muy molesto. Con todo, el hombre sentado junto a mí no hacía nada.

Resultaba difícil no sentirse irritado. Yo no podía creer que fuera tan insensible como para permitir que los chicos corrieran como salvajes, sin impedirlo ni asumir ninguna responsabilidad. Se veía que las otras personas que estaban allí se sentían también irritadas. De modo que al fin, con lo que me parecía una paciencia y contención poco comunes, me volví hacia él y le dije: «Señor, sus hijos están molestando a muchas personas. ¿No puede controlarlos un poco más?».

El hombre alzó los ojos como si solo entonces tomara conciencia de la situación y dijo con suavidad: «Ah, tiene razón. Supongo que tendría que hacer algo. Volvemos del hospital donde su madre ha muerto hace más o menos una hora. No sé qué pensar y supongo que tampoco ellos saben cómo reaccionar».

«De pronto», escribe Covey, «*vi* las cosas de otro modo, y como las *veía* de otro modo, *pensé* de otra manera, *sentí* de otra manera, me *comporté* de otra manera. Mi irritación desapareció. Era innecesario que me preocupara por controlar mi actitud o conducta; mi corazón se había visto invadido por el dolor de aquel hombre. Libremente fluían sentimientos de simpatía y compasión [...] Todo cambió en un instante»[9].

Cuando se levantó la cortina y Covey vio la verdad mayor de la situación, la irritación que experimentó hacía pocos instantes desapareció y su corazón se llenó de compasión por el joven padre y su familia. El conocimiento de toda la historia lo cambió. Oswald Chambers dice que la oración no siempre cambia la situación, la oración nos cambia a nosotros[10]. Practicar la presencia de Dios significa aprender a estar sintonizados con Dios a fin de ver la vida desde su perspectiva en cada momento.

Sara estaba sentada clamando al Señor: «¿Por qué?». Su esposo la había abandonado por una mujer más joven y se encontraba devastada y asustada. No tenía preparación para trabajar fuera de su casa. No tenía un ingreso propio. Se sentía sola por completo. Sin embargo, al quedarse sentada inmóvil en la presencia de Dios, se renovaron sus fuerzas. Dijo: «Podía pensar en las mismas cosas que había pensado con anterioridad aquel día, pero ahora me sentía diferente. El dolor no era tan profundo como antes. De alguna manera, sabía que Dios caminaría a mi lado a través de esta experiencia». Practicar la presencia de Dios no nos quita las circunstancias difíciles de la vida; solo nos las pone en perspectiva y nos da la fuerza para salir aprobados, como lo hizo Jesús.

Cuando practicamos con fidelidad la presencia de Dios, esto nos ayuda a recordar lo que es verdad. La exitosa película *Titanic* retrató de forma vívida a personas que no tenían esta perspectiva. El barco estaba herido de muerte y se hundía. Sin embargo, muchas personas pasaron por alto las señales de advertencia y como si tal cosa fingieron no saber lo que en lo hondo de su ser sabían: que la muerte se aproximaba. En lugar de prepararse para entrar en la eternidad, bailaron. Practicar la presencia de Dios nos ayuda a recordar la verdad acerca de nosotros mismos, del mundo y del pecado. Esto nos mantiene conscientes de que mientras la banda toca, la gente ríe y todo el mundo *parece* feliz, el barco (el mundo en que vivimos) se hunde.

Los seres humanos somos olvidadizos. La Escritura habla sin cesar de la tendencia del hombre a olvidarse de Dios. Las cosas del mundo tienen la particularidad de distraernos y de producirnos una amnesia espiritual. Nos olvidamos de quiénes somos en realidad y para qué estamos aquí. Muchos vivimos como si esta vida fuera todo lo que existiera, como si nuestra principal tarea fuera buscar la felicidad. Cuando permanecemos en la presencia de Dios, nuestro lado espiritual permanece alerta, consciente de la verdadera realidad y del cuadro mayor que nos rodea a fin de que no vivamos nuestras vidas solo en el plano temporal.

Practicar la presencia de Dios nos da paz. El salmista dice: «Guarda silencio ante el SEÑOR, y espera en él con paciencia; no te irrites ante el éxito de otros, de los que maquinan planes malvados» (Salmo 37:7). Aquietar nuestro corazón en la presencia de Dios nos ayuda a permanecer centrados en lo que es verdadero, bueno y recto en lugar de dejarnos llevar por nuestros temores, lujurias o deseos.

Muchos versículos nos aseguran el inagotable amor de Dios por su pueblo y su compromiso para con nosotros. Dios es santo y bueno. Es soberano. Ninguna cosa nos acontece sin su consentimiento. Por lo tanto, cuando centramos nuestros corazones en la presencia de Dios, podemos saber que Él dirige la obra y nosotros no debemos inquietarnos. El Salmo 16:8 dice: «Siempre tengo presente al SEÑOR; con él a mi derecha, nada me hará caer». Fénelon dice: «La práctica de la presencia de Dios es el remedio supremo. Sostiene. Consuela. Calma»[11].

El salmista declara: «Me has dado a conocer la senda de la vida; me llenarás de alegría en tu presencia, y de dicha eterna a tu derecha» (Salmo 16:11). En definitiva, el alma humana se transformará a un estado que ame a Dios y disfrute de Él para siempre. Disfrutar eternamente de la presencia de Dios es el cielo. Gustamos algunas muestras del cielo cuando practicamos su presencia mientras todavía estamos confinados a la tierra. También tenemos algunas muestras del infierno cuando no conocemos ni experimentamos la presencia de Dios. El infierno es separación de Dios para toda la eternidad.

La fe usa la imaginación para meditar en lo que Dios ya ha prometido (Hebreos 11). Estas promesas se convierten en el cimiento de nuestra confianza en Él. No siempre recibimos las promesas en su forma completa, pero creemos que vendrán y eso es suficiente por ahora. Solo en la eternidad veremos todo el cuadro de lo que Dios hace en nuestra vida en la historia humana. Mientras tanto, caminamos por fe, no por vista, razón, emoción ni simple fuerza de voluntad. Algunas veces Dios abre la cortina y nos deja entrever algo más. Esos momentos nos hacen probar el sabor de una vida más allá de la que conocemos, un sabor que hace que nuestra alma ansíe ese terreno superior. Estas experiencias vienen a través de tiempos buenos y de tiempos malos y le recuerdan a nuestro verdadero ser que este mundo no es nuestro hogar. Nuestro verdadero hogar será más hermoso y glorioso de lo que podamos imaginar. El apóstol Pablo nos dice: «Se nos ha permitido vislumbrar lo real, nuestro verdadero hogar, ¡nuestros cuerpos resucitados! El Espíritu de Dios estimula nuestro apetito al darnos a probar lo que tendremos más adelante. Él pone un poquito de cielo en nuestros corazones para que nunca nos conformemos con menos» (2 Corintios 5:4-5, traducción libre de la versión *The Message* en inglés).

Tiempo de reflexión

1. ¿Qué idea tienes de Dios? ¿Cómo escuchaste su voz en el pasado? ¿La idea que tienes de Dios coincide con la que se describe en las Escrituras? ¿Cuál es tu principal fuente de verdad sobre Dios, la Biblia o tu propio sentido de las cosas?

2. Tómate unos minutos para reflexionar en estas verdades bíblicas:

- Dios es un Dios personal que me ama con amor apasionado.
- Dios anhela redimirnos para que no estemos separados de Él.
- Dios desea separarnos de todo lo que impide nuestra relación con Él.
- Dios desea restaurar nuestras almas, a fin de reflejar su imagen en nosotros.

Al meditar en estas verdades, ¿tu corazón las cree? Si no es así, ¿qué te impide creerle a Dios? Comienza a pedirle a Dios que aumente tu fe para que puedas creer y confiar más en Él.

3. El Salmo 139:23-24 dice: «Examíname, oh Dios, y sondea mi corazón; ponme a prueba y sondea mis pensamientos. Fíjate si voy por mal camino, y guíame por el camino eterno». Pídele a Dios que te revele su verdad sobre ti.

> La manera más eficaz de orar es aquella en la que ponemos nuestro ser y nuestro corazón delante de Dios, renunciando a toda resistencia, soltando toda irritación secreta, franqueándonos a la verdad, al santo misterio de Dios, diciéndonos una y otra vez: «Deseo la verdad, estoy listo para recibirla, aun esta verdad que me produce tanta preocupación. Dame la luz para conocerla y para ver cómo da fruto en mí». (Romano Guardini)[12]

4. Medita en el Salmo 119. Ora y escribe acerca de cada sección. Cuando el salmista menciona la palabra verdad, haz un alto y pregúntate si permites que la Palabra de Dios te moldee. ¿Deseas conocer las cosas como Dios las ve o solo deseas tu versión de la realidad? ¿Tus pensamientos, valores, creencias, comportamientos, metas, deseos, sueños, esperanzas y aspiraciones están de acuerdo con la verdad o acomodas la Palabra de Dios y la usas para tus propósitos?

5. Comienza a separar tiempo todos los días a fin de practicar la presencia de Dios. Lee el Salmo 25:4-5. Él siempre está con nosotros y en nosotros. Cuando practicamos su presencia, somos más conscientes de Él y edificamos nuestra confianza en Él. «Podemos alcanzar este sentido de la presencia de Dios al rendir nuestros corazones y voluntades a Él, y a través de la decisión voluntaria de tomar conciencia de Él a lo largo de todo el día. Podemos aprender a orar en forma simultánea con las otras actividades del día, permitiendo que la oración sazone todo lo que hacemos. Si la practicamos con regularidad, la oración se convierte en algo tan natural e integral como la respiración»[13].

CAPÍTULO SEIS

LA RESPUESTA DE NUESTRO CORAZÓN A LA VERDAD DE DIOS

La solución para el pecado que mora en el creyente implica
tanto una obra divina como una respuesta humana.

JOHN D. HANNAH

Una de las mayores alegrías como consejera cristiana es observar la obra de Dios en un corazón y en un hogar. Algunas veces me maravilla que Dios me haya dado un lugar privilegiado en el teatro en el que se desarrollan los dramas diarios. Una de estas historias que quisiera contarte es la de Jared e Isabel.

Isabel vino en busca de consejería por problemas en su matrimonio y con sus hijos adultos. Hacía poco que las dos hijas con sus hijitos se habían mudado de nuevo a la casa de sus padres, y su presencia estaba creando mucha tensión entre Isabel y su esposo, Jared. Casi siempre se sentía al límite de la tolerancia en su lucha por actuar como mediadora entre su esposo y sus hijas. Tanto él como ellas la acusaban de tomar parte a favor del contrario. Luego de trabajar, ocuparse de las responsabilidades del hogar y cuidar a sus nietos, a Isabel le quedaba poco tiempo para relajarse y disfrutar la vida. Sentía que Jared se alejaba de ella y del Señor. Es más, temía que estuviera enredado con otra mujer y una noche espantosa Jared confesó. Había tenido una relación adúltera. El mundo de Isabel se vino abajo a su alrededor. Jared no estaba seguro de si deseaba seguir casado. Ya no sabía si amaba a Isabel y no sabía qué hacer.

Isabel comenzó la ardua tarea de examen personal. Hubiera sido tentador concentrarse en Jared y su pecado, pero en cambio comenzó a buscar algunas de las razones por las que él se había comenzado a alejar de ella. Al comenzar a entender su papel en la cadena de hechos, le confesó a su esposo las maneras en que no lo había amado como debía. Sus palabras no lo absolvían a él de su decisión de tener una aventura amorosa, pero abrieron las líneas de comunicación un poquito más y Jared accedió a venir a terapia.

Detestaba lo que había hecho. Terminó la relación con la otra mujer, pero aun así se sentía en un atolladero. «Sencillamente no sé cómo recuperar lo que sentía por Isabel», dijo. Mientras tanto, Isabel seguía profundizando su relación con Dios mediante la oración. Se apoyó en Dios como nunca antes lo había hecho. No sabía lo que sucedería, pero sabía que Dios los amaba y tenía el control de la situación. Tomó la decisión consciente de perdonar a Jared y de esforzarse para llegar a la reconciliación de su matrimonio. Jared tenía luchas para aceptar lo que había hecho y recibir el perdón tanto de Isabel como de Dios. Semana tras semana, Dios seguía obrando.

Justo antes de Navidad, los tres conversábamos acerca de terminar con todas las compras navideñas cuando Jared dijo:

—¿Sabes cuál es el regalo más importante que Isabel me ha dado en toda la vida?

—No, dime —contesté sorprendida.

—Más que nuestros hijos —dijo Jared—, me ha dado el perdón. No lo merecía, pero de todos modos me lo dio. La amo muchísimo. Deseo ser el mejor esposo posible para ella.

Así como Jared respondió al amor y al perdón de Isabel con un corazón que deseaba cambiar, nosotros tenemos una oportunidad similar de responderle a Dios. El apóstol Pablo nos dice: «¿No te das cuenta de que la bondad de Dios te guía al arrepentimiento?» (véase Romanos 2:4). Por lo general, pensamos que el arrepentimiento es un requisito para recibir el amor de Dios. Nos decimos que *primero* debemos cambiar y que luego Dios nos aceptará y perdonará; pero la verdad es que el arrepentimiento es una *respuesta* al carácter de Dios: a su santidad, su amor, su bondad y su gracia. Pablo nos dice que somos salvos por gracia y no por nuestros esfuerzos para cambiar y «hacer bien las cosas». La salvación en un regalo que demuestra la exuberante bondad de un Dios santo y amoroso. No podemos hacer nada por ganarla. Solo debemos recibirla (Efesios 2:7-9). Sin embargo, un regalo de semejante magnitud debe provocar una respuesta que salga de lo profundo de nuestro corazón.

Cuando era niña, me encantaba mirar un programa de televisión en particular sobre un millonario benévolo que le daba dinero a los necesitados. Todas las semanas, una persona o una familia recibía por correo un cheque por un millón de dólares; todo lo que debían hacer era cambiarlo por dinero en efectivo. Imagínate lo que sería recibir una llamada de alguien que te dice que acabas de recibir un millón de dólares. Un regalo tan extravagante nos insta a algo más que una simple sonrisa. Estarías eufórico. Cambiaría tu vida (siempre y cuando creas que el regalo es genuino y lo cambies por efectivo). Jesús habla de una mujer que, luego de recibir su perdón, le lavó los pies con sus lágrimas, se los besó y se los secó con el cabello porque su corazón estaba lleno de amor y gratitud por lo que había hecho por ella. Su corazón respondió con amor ante el regalo de amor de Jesús (Lucas 7:41-47).

Hace poco tuve la oportunidad de ver un programa de Oprah Winfrey que destacaba actos de bondad que la gente tuvo hacia otros. Lloré al ver la respuesta de la gente ante los inesperados actos de amabilidad a su favor. Los transformaba, los hacía desear hacer cosas parecidas o mayores. La Biblia nos dice que la bondad y el amor de Dios tienen como propósito cambiarnos, hacernos desear ser cada vez más parecidos a Jesús.

RESPUESTAS DEL CORAZÓN

Cuando me paro frente al espejo cada mañana, me enfrento a una sencilla verdad. Necesito una ducha, un lavado de cabello y un poco de maquillaje antes de salir de casa. Al enfrentar la realidad acerca de mí misma, me siento impulsada a realizar la acción apropiada. Entro enseguida a la ducha y comienzo el proceso. Si obviara la verdad y pretendiera no verla, o si saliera de la casa con una bolsa en la cabeza en lugar de lavarme el cabello, la verdad que vi no me traería ningún provecho (y debo agregar que no se lo traería a nadie más).

Cuando nos encontramos en una relación con Dios, estamos en la presencia misma de la Verdad. No podemos estar en su presencia y permanecer neutrales. En el paso final del Principio de la VERDAD, nuestro corazón debe responder a la verdad revelada por Dios y su Palabra. O bien nos inclinaremos ante Dios y su verdad siendo transformados (arrepintiéndonos), o saldremos de su presencia y endureceremos nuestro corazón.

LA REBELIÓN

Patricia trajo a su hija de siete años, Lea, a verme. Lea tenía pesadillas y mojaba la cama. Todo esto había comenzado cuando la policía arrestó al padre, un líder de la iglesia, por manosear a Lea y a otras ocho niñas pequeñas en la iglesia. Patricia también tenía sus luchas. ¿Cómo había podido ser tan ciega? En iglesias anteriores, habían acusado a su esposo de conductas indebidas, pero él siempre lo había negado. Parecía muy convincente. Ahora la evidencia era abrumadora, sin embargo, el padre de Lea continuaba insistiendo que todos mentían. Dios le estaba dando una oportunidad de verse tal cual era, ya que solo en ese lugar podía tener la esperanza de recibir la ayuda que necesitaba para cambiar. Aun así, se negó a admitir la verdad sobre sí mismo y prefirió seguir engañado y sin arrepentirse. No estaba dispuesto a rendirle su corazón a la verdad ni a Dios. En su lugar, se rebeló y cambió la verdad por la mentira.

Las consecuencias fueron trágicas. Se fue a prisión, la familia se disolvió (lo que de todas maneras hubiera sucedido debido a las consecuencias de su pecado), pero lo más trágico de todo fue que Lea, su pequeñita, nunca escuchó a su padre decir: «Por favor, perdóname. Me equivoqué mucho al usarte para mis placeres egoístas». Esas palabras quizá hubieran puesto en movimiento el proceso de sanidad de Lea.

Algunas veces, incluso como cristianos, endurecemos nuestro corazón y nos negamos a rendirnos al derecho de Dios de corregirnos y gobernarnos. «SEÑOR, ¿acaso no buscan tus ojos la verdad? Golpeaste a esa gente, y no les dolió, acabaste con ellos, y no quisieron ser corregidos. Endurecieron su rostro más que una roca, y no quisieron arrepentirse» (Jeremías 5:3).

Para la mayoría de nosotros, la rebelión no es tan evidente como en el padre de Lea. Por fuera nos vemos bien, pero por dentro nuestro corazón es frío, no le responde a Dios y está lleno de incredulidad. Deuteronomio 9:23 dice: «Ustedes se rebelaron contra la orden del SEÑOR su Dios; no confiaron en él ni le obedecieron». Cuando me enojé con Dios por lo de la adopción, mi corazón estaba lleno de incredulidad. Aunque decía que creía *en* Dios, no creía *a* Dios ni a su verdad lo suficiente como para caminar con Él en una confianza y obediencia absolutas a través del dolor de mi pérdida. El autor de Hebreos nos dice que cuando tenemos un corazón incrédulo, somos rebeldes (Hebreos 3:8-19). Por eso es tan importante que tomemos lo que aprendemos acerca de los caminos y el carácter de Dios y permitamos que nos transforme para pasar de un conocimiento mental a una confianza del corazón.

Para otros, toda la experiencia del cristianismo se podría describir como un libro de reglas que dice «esto se puede, esto no». Estas personas siempre siguen las reglas, pero muy en lo profundo sus corazones están llenos de orgullo y de un falso sentido de moralidad. No saben nada de la fe que da vida y que hace que la obediencia sea un gozo en vez de una obligación. Su relación con Dios es intelectual, no personal.

Cada vez que nos encontramos con Dios, Él nos deja con una de estas dos respuestas. O endurecemos nuestro corazón contra Él o caemos de cara al suelo y nos arrepentimos. A muchos de nosotros nos gustaría arrepentirnos; sin embargo, muchas veces entendemos mal lo que es el genuino arrepentimiento.

El falso arrepentimiento: La penitencia

Como cristianos, muchas veces confundimos el arrepentimiento con la penitencia. Vemos nuestro pecado y nos horrorizamos ante lo que somos capaces de hacer. Este horror proviene de la creencia de que básicamente somos buenas personas que de vez en cuando nos equivocamos. Nuestra respuesta es tratar de hacer mejor las cosas para no sentirnos tan mal con respecto a nosotros mismos. No obstante, la penitencia se centra en torno al hombre, no a Dios. La penitencia es el intento de consolar nuestro orgullo herido con el pensamiento de que podemos hacer mejor las cosas o que podemos ganar el perdón de Dios. La verdad es que somos pecadores. Entonces, ¿por qué nos horrorizamos tanto cuando pecamos?

En el capítulo 3 hablamos de la lucha de Débora con la culpa por el odio que le producía la dependencia que su madre tenía de ella. Sabía que era pecaminoso permitir que estos sentimientos de odio se infectaran. Entonces Débora intentó con todas sus fuerzas ser más amorosa con su madre, pero sus esfuerzos tenían como objetivo sentirse mejor consigo misma, no pedirle a Dios que le diera un corazón amoroso hacia su madre. Esta clase de cambio es engañosa porque por fuera parece buena. Amamos en lugar de odiar; ¿qué tiene de malo? El problema es que nos engañamos a nosotros mismos para creer que somos capaces de ser buenos por nuestra cuenta. El resultado es que seguimos corriendo en una cinta rodante, sin movernos de lugar, intentándolo una y otra vez, creyendo que esto es lo que Dios espera y que estará satisfecho con nosotros cuando lo alcancemos. Cuando fracasamos, nos sentimos avergonzados y cansados. Sin embargo, Dios dice que en nuestra vieja naturaleza no hay nada bueno (Romanos 7). Desea que dependamos por completo de Él por nuestro bien. No espera que seamos buenos al margen de su obra en nosotros.

Otro aspecto de la penitencia adquiere la forma de castigo propio. Hace varios cientos de años atrás, no era poco frecuente que se adoptaran prácticas tan extrañas como arrancarse la barba o golpearse la espalda con un látigo hecho con pedacitos de piedras en las puntas para tratar el pecado. Mientras estaba en Filipinas, escuché acerca de una práctica que tiene lugar durante la semana de Pascua: A algunas personas las clavan a una cruz y cuelgan allí todo el día mostrando en público remordimiento por sus pecados.

Estas prácticas nos horrorizan, pero aquí en Estados Unidos también participamos en diferentes formas de penitencias como maneras de castigarnos. Una mujer a la que aconsejé se pinchaba las piernas y los brazos cada vez que la conciencia de su pecado la llenaba de odio hacia sí misma. Otra se paraba debajo de la ducha de agua hirviendo aporreando su carne. ¿Te parece demasiado dramático? ¿Qué me dices de apartarse de los amigos, de dejar de ir al estudio bíblico o de castigarte con palabras como: «No puedo creer que haya sido tan tonto» o «¿Cómo puedo haber hecho algo tan terrible? Soy un fracaso»? Hablo con cientos de hombres y mujeres, cristianos, que realizan estas prácticas. No pueden tratar con su pecado sin acudir a estas formas de penitencia.

Cuando pecamos, la mayoría sentimos culpa y vergüenza. Eso no es tan malo, pero no basta. La culpa y la vergüenza por nuestro pecado no son el problema. El problema es lo que hacemos con estos sentimientos.

DOS CLASES DE PESAR

El apóstol Pablo habla de dos clases de pesar en 2 Corintios 7. En este pasaje, Pablo les habla a los corintios acerca de su ansiedad por una carta que les había enviado, en la que los reprendía por su mala manera de vivir, pues sabía que los lastimaría. Entonces ahora, dice que está feliz de haberla enviado porque su pesar los condujo al arrepentimiento.

Algunas veces pensamos que sentir pesar o lástima es lo que la Biblia quiere decir cuando se refiere al arrepentimiento. En 2 Corintios 7, Pablo habla específicamente de dos clases de pesar: Uno lleva al arrepentimiento, pero el otro lleva a la muerte. En Mateo 27:3 Judas «sintió remordimiento y devolvió las treinta monedas de plata a los jefes de los sacerdotes y a los ancianos». Judas se sintió muy mal por haber traicionado a Cristo. Hizo restitución al devolver el dinero y hasta hizo una confesión: «He pecado —les dijo— porque he entregado sangre inocente» (v. 4). Sin embargo, Judas no se arrepintió. Es triste que la respuesta a su pecado fuera sentirse tan mal que se ahorcara.

Sandra vino en busca de consejería debido a una depresión. Se sentía un fracaso como madre. «No puedo ser lo que se supone que deba ser», dijo entre sollozos luego de confesar que había perdido los estribos en forma seria con sus hijos. «Hoy los hubiera podido lastimar de verdad». Sandra se sentía culpable y avergonzada. Sentía pesar por su pecado. Sin embargo, su pesar la estaba llevando a la muerte, no a experimentar el perdón de Dios ni a realizar algún cambio verdadero en su papel de madre. Se detestaba a sí misma porque no había podido vivir de acuerdo a su ideal de lo que era una buena madre. Su dolor y depresión no se relacionaban con sus pecados contra Dios ni contra sus hijos. Su dolor se desprendía de la desilusión que sentía consigo misma. No era lo que pensaba que era. Su comportamiento abusador atacó su orgullo y su autoestima y no pudo soportar ver lo que era en realidad.

Existe una clase de pesar por el pecado que es tan profundo y un odio hacia uno mismo tan grande que el único curso de acción razonable para un orgullo tan herido es la autodestrucción. Esto se logra a través de medios evidentes, como el alcohol o el abuso de drogas, la promiscuidad o el suicidio. O el camino de destrucción puede ser más sutil, como luchar por ser bueno, usar máscaras y fingir ser lo que sabemos que no somos. En estos días nos engañamos al pensar que no somos tan malos como tememos en realidad. No obstante, si la Escritura tiene razón cuando nos dice que el único camino para ser transformados de verdad es por medio de Cristo, cualquier otro camino nos llevará a la destrucción. Aun si parecemos buenos por fuera, la muerte al final ocurrirá por dentro.

Fénelon dice: «Ve siempre hacia delante con confianza, sin dejar que te toque el dolor de un orgullo sensible, que no puede soportar la idea de verse imperfecto»[1]. El pesar que sentimos por nuestro pecado puede llevarnos a la desesperación y la muerte, ya sea literal mediante conductas autodestructivas, o emocional a través de la depresión o el fingimiento. Dios nos ama tanto que procura separarnos de la idolatría de nuestro orgullo y del amor propio dándonos una buena mirada severa a nuestra verdadera condición. Cuando vemos nuestro pecado, algunas veces deseamos correr y escondernos. No deseamos admitirlo y no deseamos venir a Dios con necesidad de su perdón. Debido al gran amor de Dios, Él nos persigue tanto como lo hizo con Adán y Eva. El verdadero arrepentimiento es una respuesta del corazón a la santidad de Dios y al amor y al sacrificio de Cristo para asegurar nuestro perdón. Hace que nuestro corazón responda con acción de gracias, amor y obediencia, los cuales nos conducen a un cambio de corazón y de vida (véase Diagrama 6.1)[2].

El genuino arrepentimiento implica más que lamentarse, aunque a menudo ese es el primer paso. El verdadero arrepentimiento involucra algo más que nuestras emociones y más que un simple cambio en nuestras acciones malas o en nuestras conductas pecaminosas. Involucra a todo el corazón: nuestra mente, nuestras emociones y nuestra voluntad.

El verdadero arrepentimiento como un «cambio de actitud, implica tanto apartarnos del pecado como volvernos a Dios»[3]. Primero, una persona lo hace en su corazón, luego en sus hábitos. Arrepentimiento significa estar de acuerdo con Dios y rendirnos a su derecho de gobernarnos. Nos lleva a hacer todo esfuerzo posible para actuar de acuerdo a este cambio interior en los detalles diarios de nuestras vidas.

La oración de arrepentimiento de David en el Salmo 51 es en esencia una oración de reconocimiento de la verdad de Dios. David tiene un corazón quebrantado (v. 17), pero por encima de eso identifica contra quién ha pecado y confiesa que Dios tiene

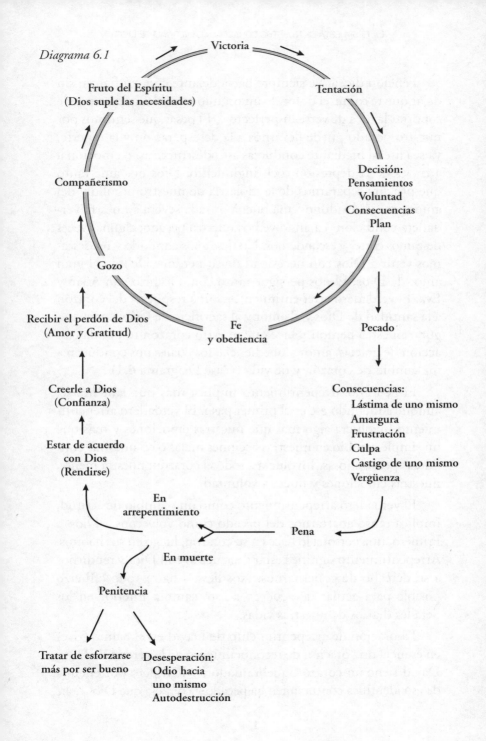

Diagrama 6.1

Victoria

Fruto del Espíritu
(Dios suple las necesidades)

Tentación

Compañerismo

Decisión:
Pensamientos
Voluntad
Consecuencias
Plan

Gozo

Recibir el perdón de Dios
(Amor y Gratitud)

Fe
y obediencia

Pecado

Creerle a Dios
(Confianza)

Consecuencias:
Lástima de uno mismo
Amargura
Frustración
Culpa
Castigo de uno mismo
Vergüenza

Estar de acuerdo
con Dios
(Rendirse)

En
arrepentimiento

En muerte

Pena

Penitencia

Tratar de esforzarse
más por ser bueno

Desesperación:
Odio hacia
uno mismo
Autodestrucción

razón, es justo y verdadero. Está de acuerdo con el juicio de Dios que le vino (v. 4) y le pide que lo limpie y lo transforme (vv. 1, 7, 10).

EL PROCESO DEL ARREPENTIMIENTO

El arrepentimiento para el cristiano es un proceso constante, no un hecho de una vez y para siempre. «El verdadero arrepentimiento es una fuente continua, de la cual fluyen siempre las aguas del pesar que produce el temor a Dios»[4].

La respuesta apropiada cuando nos vemos con sinceridad es la humildad, no el odio hacia uno mismo. «Si solo vemos lo desdichados que somos y caemos en la desesperación por lo que vemos, eso no significa que seamos humildes. Por el contrario, reaccionar de esta manera es tener un ataque de orgullo que no puede consentir en que se le baje el copete»[5].

Cuando nos vemos con sinceridad, nos volvemos profundamente conscientes de que somos personas que necesitamos el carbón ardiente de la limpieza de Dios. Clamamos como Isaías: «¡Ay de mí, que estoy perdido!» (Isaías 6:5). «Sentimos asco de nuestra maldad y nos sentimos insatisfechos del todo con nuestra bondad»[6].

Cuando nos lamentamos porque hemos pecado contra Dios, estamos en el comienzo del verdadero arrepentimiento. Estamos enfermos por nuestro pecado. Estamos enfermos de nosotros mismos. Estamos enfermos por hacer las cosas a nuestra manera, en nuestra propia fuerza y comenzamos a apartarnos. Nos apartamos de nuestro pecado. Nos apartamos de nosotros mismos: de nuestras soluciones para la vida, de nuestra versión de lo que necesitamos para llevar una vida alegre y significativa, y miramos a Cristo, que es nuestra única esperanza. Lo que encontramos en Él es una gracia amorosa que nos ofrece perdón incluso cuando merecemos la muerte. Nos rendimos a Dios y recibimos con brazos abiertos y necesitados lo que Él nos da: su perdón y su propósito para nuestra vida. Nuestro corazón responde con gratitud y amor.

Este proceso de toma de conciencia y arrepentimiento en la vida cristiana continuará desde el día en que le damos nuestra vida a Cristo hasta el día en que muramos. Vemos nuestra verdadera condición y gemimos. Esto nos lleva a ponernos de rodillas ante Cristo, el único autosuficiente, y allí podemos experimentar su perdón y recibir su consuelo. Teresa de Ávila nos alienta a «sacar ventaja de estas faltas y aprender de ellas lo desdichadas criaturas que somos»[7]. Nuestras emociones sienten pesar y nos llevan al arrepentimiento, el cual conduce a nuestra mente a confesar, a admitir nuestra idolatría, nuestros pensamientos pecaminosos, nuestras actitudes, acciones o sentimientos y a renunciar a ellos. Este proceso inhabilita nuestra propensión interior a excusarnos y culpar a los demás. En la confesión no nos disculpamos; admitimos que hemos pecado y que somos pecadores[8].

A lo largo de los años he aprendido un secreto que me ha traído muchísima libertad en mi andar con Dios. Él no espera que haga las cosas bien por mis propios esfuerzos. En realidad, desea hallarme exactamente en el lugar en el que me encuentro cara a cara frente a mi propia necesidad y en el que soy consciente por completo de mi pequeñez y de mi corazón pecador. Por lo tanto, me lleva a ese lugar con frecuencia. Es allí donde tengo la oportunidad de responder a Dios al morir a mi ego orgulloso y a las cosas que pensaba que necesitaba para que la vida marchara, tengo la oportunidad de renunciar a mis ídolos y de rendirme a Dios y a su deseo de dirigir mi vida. El arrepentimiento no se detiene en el quebrantamiento, la confesión y la renuncia. Continúa a través del proceso en el cual rendimos nuestra voluntad a Dios y confiamos en Él, lo preferimos y lo elegimos para que sea la fuente misma de nuestra vida.

EL ARREPENTIMIENTO GENUINO SIEMPRE IMPLICA CAMBIO

Eduardo y Sara tenían una variedad común y corriente de problemas matrimoniales que lleva a muchas parejas a buscar consejería. Ella se quejaba de que él no la escuchaba. Él se quejaba de que ella lo fastidiaba. Decían que se amaban y que deseaban tener un buen matrimonio. Semana tras semana les daba tareas a cada uno de ellos que los ayudarían a producir un cambio, sin embargo, nada sucedía. Se hacían promesas y no se cumplían. Los ánimos se enardecían y abundaban las disculpas, pero no había cambios duraderos. Su relación matrimonial era cada vez más problemática y distante, aunque de boca para fuera los dos deseaban que resultara.

El pecado siempre lleva a las relaciones rotas. Esto sucede en las relaciones humanas y sucede en nuestra relación con Dios. Cuando vemos nuestro pecado pero no nos esforzamos por cambiar, ¿de qué manera nos beneficia a nosotros o a nuestras relaciones el hecho de haberlo visto? No ha cambiado nada, aunque nos sintamos tristes o culpables.

Jesús les dijo a los fariseos que dieran fruto propio del arrepentimiento (Mateo 3:8), y el apóstol Pablo les predicó tanto a judíos como a gentiles para «que se arrepintieran y se convirtieran a Dios, y que demostraran su arrepentimiento con sus buenas obras» (Hechos 26:20). El arrepentimiento es la respuesta del corazón del creyente a la voz de Dios que señala el pecado en su vida. La obediencia a Dios es el producto de ese arrepentimiento. La obediencia no es un reconocimiento intelectual de un principio ni una posición teológica. Eso es conocimiento, no es confianza, y mantiene a Cristo a cierta distancia. La obediencia fluye de un corazón que ama a Dios demasiado como para desilusionarlo con una vida malgastada. Proviene de un corazón que teme a Dios y no desea tomar sus mandamientos a la ligera ni con frivolidad. En el último paso del Principio de la VERDAD decidimos creerle a Dios y rendirle nuestro corazón y nuestra vida al reconocer su derecho a gobernarnos. Jesús nos dice que si le amamos, le obedeceremos (Juan 14:23). El amor no es un simple sentimiento. Es tanto la disposición de nuestro corazón como una actividad de nuestra mente y nuestra voluntad.

Aunque el Espíritu Santo nos da el poder para cambiar, el amor como respuesta a Dios es lo que nos motiva a cambiar. A medida que crecemos en fe, deseamos agradarle más que lo que deseamos agradarnos a nosotros mismos. Cuando nos arrepentimos, nuestros deseos cambian. No se trata de que no deseemos las cosas de antes, sino que hemos llegado a amar y a desear más a Jesús.

Tiempo de reflexión

1. ¿Cuál es la respuesta frecuente de tu corazón a la verdad de la Palabra de Dios? ¿Respondes decidiendo confiar en Él y obedeciéndole, o solo lo dejas en tu mente donde casi no influye en tu vida o en tu corazón? Dios llama a esto incredulidad y se equipara con la rebelión (Hebreos 3:7-19).

2. ¿Estás de acuerdo con la evaluación que hace Dios cuando te revela las cosas que ama tu corazón? ¿Estás dispuesto a arrepentirte confesando y renunciando a esas cosas (muriendo a tus ídolos), o tus confesiones se han parecido más a una penitencia, en la que sientes tristeza y pesar por no abandonar tus primeros amores para seguir a Dios?

3. Lee Mateo 16:24-26. ¿Qué parte de nosotros debemos estar dispuestos a «perder» si de verdad deseamos encontrarnos a nosotros mismos?

4. ¿Cuál ha sido la respuesta de tu corazón a la gracia y la misericordia de Dios en tu vida? ¿Cómo su perdón ha cambiado tu corazón? Escribe un salmo o una oración a Dios por lo que Él ha hecho por ti.

Tercera parte

El sendero hacia la madurez espiritual y el cambio duradero del corazón

CAPÍTULO SIETE

VIVIR PARA AGRADAR A DIOS

APLICACIÓN PRÁCTICA DEL PRINCIPIO DE LA VERDAD

*Si se mantienen fieles a mis enseñanzas, serán realmente
mis discípulos; y conocerán la verdad, y la verdad los hará libres.*
JUAN 8:31-32

Hace muchos años leí un libro excelente sobre el discipulado. Me sentí desafiada en mi andar con el Señor a llegar a una obediencia mayor. Empecé con fuerza, pero por alguna razón me aparté de la ruta. El problema no estaba en el libro, sino en mí. Olvidé lo que decía. Algunas veces eso es lo que me sucede cuando leo la Escritura o escucho un sermón en la iglesia. En el momento, me produce un fuerte impacto, pero a los dos días me encuentro en apuros para recordar con exactitud lo que leí o escuché. Dios sabe que somos olvidadizos. Es por eso que la Escritura nos habla sin cesar de crear recordatorios para que no nos olvidemos de Él ni de sus caminos.

Mi objetivo al desarrollar el Principio de la VERDAD fue crear algo que fuera fácil de usar y recordar, aunque sea riguroso en su aplicación. Para los que tienen memoria fotográfica o gran tiempo para revisar, existen muchos métodos maravillosos para el crecimiento personal y el discipulado. Para el resto de nosotros, sin embargo, espero que este modelo les ayude en su travesía hacia una mayor madurez cristiana como me ha ayudado a mí en la mía.

En los capítulos previos, expliqué e ilustré cada uno de los pasos del Principio de la VERDAD. Ahora ha llegado el momento de poner todas las piezas juntas. Una de mis colegas, Sandra Wilson, describe el trabajo del consejero como «lecciones particulares de teología aplicada»[1]. Creo que es una buena definición. Como consejera, trato de guiar a la gente hacia una mayor madurez emocional y espiritual usando la Escritura como nuestra maestra. En este capítulo comenzaremos a explorar las maneras en que el Principio de la VERDAD nos puede servir como guía, un mapa de ruta, por así decir, hacia la madurez y la vida que agrada a Dios. El Principio de la VERDAD nos puede ayudar a entender con mayor claridad dónde nos encontramos ahora en el proceso; también puede mostrarnos a dónde debemos ir.

UN REPASO: EL USO DE LA VERDAD[2]
PARA EL CRECIMIENTO PERSONAL Y EL DISCIPULADO

T = [TROUBLE] PROBLEMAS (CAPÍTULO 2)

El primer paso es identificar tu problema. ¿Qué problemas tienes que enfrentar en este mismo momento? Quizá sea uno importante, como una seria crisis de salud, dificultades matrimoniales o pérdida del trabajo, o tal vez te enfrentes a problemas más comunes con los que te encuentras durante el día.

Si deseamos crecer, necesitamos mirar nuestros problemas de manera diferente a como lo hacíamos en el pasado, incluso si el problema nos causa un dolor considerable. A medida que maduramos en la fe cristiana, debemos mirar los problemas a través del lente de los propósitos eternos de Dios y debemos tratar de identificar qué se propone hacer Dios en nuestra vida. ¿Cómo veían Jesús o sus discípulos los problemas y los sufrimientos? Para llegar a ser más semejantes a Cristo, debemos aprender a mirar los problemas de la misma manera que Él lo hizo.

Alicia y David son una pareja joven que tienen cuatro hijos espectaculares. Una mañana, Samuelito, el menor, se levantó con dolor de cabeza. Alicia le dio un medicamento y decidió que no fuera a la escuela. Más tarde se dio cuenta de que tenía una fiebre ligera y llamó al médico. «No hay nada de qué preocuparse», le dijo. «La gripe anda dando vueltas». Por la tarde temprano, Samuelito comenzó a tener convulsiones. Lo llevaron enseguida al hospital, donde entró en estado de coma y murió. La autopsia no fue concluyente. «Una infección devastadora atacó sus órganos y estos dejaron de funcionar». Esta fue toda la explicación que les dieron. Alicia y David se sintieron abrumados por el dolor y la confusión.

Si has experimentado esta clase de problemas que te cambian la vida, los versículos de la Biblia sobre la soberanía, el amor y los propósitos de Dios tal vez te resulten monótonos y carentes de atractivo. Por lo general, producen ira en lugar de dar consuelo.

«Si Dios es tan amoroso, ¿por qué permitió que sucediera esto?», gemimos. Nuestro corazón está lastimado y enojado por haber sido lanzados a alguna circunstancia de la vida que es intolerable. Job se sintió así y lo mismo le sucedió a Jeremías. Expresaron con sinceridad sus emociones delante del Señor. Durante los momentos de problemas, no debemos preocuparnos al pensar que nuestras fuertes emociones pueden enojar a Dios. Hasta Jesús exclamó: «Dios mío, Dios mío, ¿por qué me has desamparado?» (Mateo 27:46). Dios usa nuestros problemas para que seamos mucho más conscientes de su naturaleza. Una parte de nuestra madurez es descubrirla. Nuestra fe deja de ser un conocimiento mental para convertirse en una verdad dinámica y viva.

R = [RESPONSE] RESPUESTA (CAPÍTULO 3)

El segundo paso del Principio de la VERDAD es fijarnos en nuestra respuesta o hacernos un examen. Debemos entender cómo pensamos, sentimos y nos comportamos en respuesta a los problemas. Algunos necesitamos detenernos un poco más de tiempo en este paso porque no hemos aprendido a asumir la responsabilidad por nuestros pensamientos, sentimientos y acciones. En cambio, hemos tenido el hábito de culpar a los demás, de justificarnos o de inventar excusas.

Algunas veces podemos comenzar el proceso identificando primero nuestros sentimientos. Por lo general, actúan como luces de advertencia que nos dicen que algo anda mal. Entonces podemos retroceder para ver cuál fue la situación o el problema que despertó esos sentimientos, y qué pensamientos y conductas experimentamos como resultado.

Estaba apuradísima y ansiosa por llegar al silencioso retiro que había planeado para escribir. Solo tenía cinco preciosos días y no quería perder ni un momento. Para ahorrar tiempo, decidí comprar algunos víveres antes de irme para no tener que buscar una tienda una vez que llegara a mi destino. El supermercado no estaba lleno de gente. Enseguida tomé algunos artículos y salí corriendo hacia la caja rápida.

Delante de mí había una mujer con cuatro artículos. Cada uno era una clase diferente de vegetal orgánico. El cajero era nuevo y no sabía cómo localizar el precio de estas cosas. Era lento y cuidadoso. A medida que los minutos pasaban, podía sentir que mi corazón latía cada vez con mayor rapidez. La respiración se convirtió en resoplidos contenidos mientras trataba (de una manera no tan sutil) de hacerle señas para que supiera que estaba apurada. Los sentimientos me permitieron (y le permitieron a los que me rodeaban) saber que había un problema. ¿La causa de mi problema era el empleado que estaba en la caja? No, en realidad no. Lo único que hizo fue sacarlo a luz. El problema estaba dentro de mí. Dios intentaba enseñarme a ser paciente, como lo había hecho muchas otras veces antes. Ha sido una lucha. Él usa estos pequeños problemas en la vida para darme muchas sesiones de práctica. Algunas veces las reconozco y coopero; muchas otras no lo hago.

Dios usará muchas veces los problemas en nuestra vida para darnos oportunidades de practicar las respuestas justas que desea que desarrollemos: el carácter de Cristo en nosotros. Al ser conscientes de estas oportunidades, podemos cooperar con el

Espíritu Santo a medida que aprendemos a andar en los caminos de Cristo.

U = [UNDERLYING IDOLS] ÍDOLOS OCULTOS (CAPÍTULO 4)

Si de verdad deseamos seguir a Cristo, no podemos quedarnos solo con conocer la verdad; Él espera más. Desea que lo amemos con todo lo que tenemos: con todo nuestro corazón, con toda nuestra mente y con toda nuestra fuerza. Demasiado a menudo cometemos adulterio espiritual al permitir que otros amores ajenos a nuestro amor hacia Dios y a su amor hacia nosotros gobiernen nuestro corazón. Al identificar los ídolos de nuestro corazón debemos preguntarnos: «¿Qué quiero?». Otra pregunta sería: «En este mismo momento, ¿a qué otra cosa amo o temo más que a Dios?».

Soy una mujer casada. Hay ciertas reglas tácitas que acompañan el concepto del matrimonio, tales como «las mujeres casadas no flirtean con otros hombres que no sean su esposo». No sigo esa regla porque sea una regla. No flirteo con otros hombres porque amo a mi esposo y no deseo lastimarlo. No me casé porque alguien me dijo que lo hiciera, ni porque era lo debido. Me casé porque yo lo decidí. Lo amaba y deseaba ser su esposa. Él y yo nos encontramos en una relación íntima. Cuando discutimos o cuando me comporto de manera egoísta o impaciente, nuestra relación sufre, quizá porque en esos momentos me ame más a mí misma que lo que amo a mi esposo.

A lo largo de las Escrituras, Dios usa el matrimonio como una metáfora de su relación con nosotros. En Oseas 2:19-20 Dios dice: «Yo te haré mi esposa para siempre, y te daré como dote el derecho y la justicia, el amor y la compasión. Te daré como dote mi fidelidad, y entonces conocerás al SEÑOR».

Así como mi esposo se pondría celoso, se enojaría y se sentiría dolido si yo comenzara a amar a otro hombre, Dios experimenta estas emociones cuando permitimos que nuestro corazón se deje atraer por otros amores. Si nuestra relación con Dios nos importa, nos ocuparemos de cuidar nuestro corazón y sus afectos de manera que nada nos separe de nuestra comunión con Él.

Lo único que debemos darle a Dios a cambio de todo lo que ha hecho por nosotros es nuestro amor, ejercido mediante nuestra libre voluntad. Jesús siempre quería lo mismo que Dios. La relación entre ellos era de perfecta unión. Esta debe ser nuestra meta a medida que maduramos. Al preguntarnos: «¿Qué deseo en este mismo momento?», y al comparar la respuesta con lo que Dios quiere, sacamos a la luz nuestros ídolos. Entonces podemos rendirnos al derecho que Dios tiene de gobernarnos, tal como lo hizo Jesús cuando dijo en Getsemaní: «Padre mío, si es posible, no me hagas beber este trago amargo. Pero no sea lo que yo quiero, sino lo que quieres tú» (Mateo 26:39). O, como Eva, podemos tomar el asunto en nuestras manos y seguir hacia delante para obtener lo que queremos.

Algunas veces nos confundimos y nos convencemos a nosotros mismos de que Dios apoya lo que queremos; por lo tanto, tenemos el derecho de obtenerlo. Creemos que Dios desea que seamos felices o que tengamos un buen matrimonio, que lleguemos a tiempo o que disfrutemos de muchas otras cosas. Cuando creemos esto, hacemos cada vez más fuerza para que las cosas salgan como queremos. No significa que Dios no desee que tengamos esas cosas, pero cuando las circunstancias nos impiden obtenerlas, debemos rendirnos a Dios y creer que Él debe tener algo diferente en mente.

T = [TRUTH] VERDAD (CAPÍTULO 5)

Si llegamos a entendernos mejor, pero luego no nos ponemos bajo la luz de la verdad de Dios, nunca llegaremos a la madurez espiritual. Al entrar en este paso del Principio de la VERDAD, debemos preguntarnos: «¿Cuál es la verdad acerca de mi problema, no como yo lo veo, sino como lo ve Dios?». Otras preguntas que debemos hacer son: «¿Cuál es la verdad en cuanto a la forma en que respondo a mi problema?», «¿Quién es Dios para mí en este momento?», «¿Qué comparación tiene con la forma en la que Él se describe a sí mismo?, y «¿Creo y confío en Él o confío en mí mismo?»

Hace unos cuantos años anhelaba redecorar la cocina. Encontré un papel a cuadros verdes para la pared que estaba en liquidación y lo compré. Nunca antes había empapelado una pared, pero como me gustan los desafíos, leí unas cuantas instrucciones y decidí que podía ahorrar dinero si lo hacía yo misma. Todo anduvo bien hasta que llegué a la puerta. Entonces allí me di cuenta de que el papel estaba torcido. A mis ojos *parecía* derecho, pero cuando el papel tuvo que alinearse con el marco de la puerta, los cuadros se torcían hacia la izquierda. Tuve que arrancarlo todo y comenzar de nuevo, esta vez con una plomada.

La carta de 2 Timoteo nos advierte sobre torcer la verdad. La Palabra de Dios es nuestra plomada en la vida. Timoteo nos advierte que no nos parezcamos a los que siempre «están aprendiendo, pero nunca logran conocer la verdad» (2 Timoteo 3:7). El mundo ha perdido el sentido de la verdad objetiva. La verdad se ha convertido en algo relativo, sujeto a la habilidad de cualquiera de aceptarla como verdad. Como cristianos, debemos someternos a una autoridad superior que es la Verdad. La verdad no está en nosotros, está en Él. ¡*Es* Él! Tenemos acceso a la verdad a medida que nos rendimos y permitimos que el Espíritu de Dios nos enseñe.

H = [HEART'S RESPONSE] RESPUESTA DEL CORAZÓN (CAPÍTULO 6)

Alguien dijo una vez: «En la vida, el discernimiento es el premio a la peor actuación». El solo hecho de ver la verdad no nos beneficiará si no nos cambia. En el libro de Nehemías encontramos a los israelitas lejos de Dios. Cuando Nehemías comenzó a enseñarles las Escrituras y dejarles en claro quién es Dios y qué era lo que requería de ellos, comenzaron un proceso de arrepentimiento y cambio (Nehemías 7 y 8).

El paso final en el Principio de la VERDAD es preguntarnos «¿Cuál es la respuesta de mi corazón a la verdad del amor de Dios, a la bondad de la gracia de Dios, a la realidad de la cruz?

¿La paso por alto? ¿Me siento mal conmigo mismo o con mi pecado y me revuelco en el odio o la autocompasión?». A medida que Dios nos ayuda a trasladar nuestra fe de la cabeza al corazón, no destruye nuestros deseos. Más bien los transforma y nos lleva a la obediencia. La obediencia no es conformarse a una norma externa de creencia; es rendir nuestra voluntad a la de Dios. Esto solo puede suceder en nuestro corazón, donde luego influye en nuestras acciones, actitudes y disposición externa.

EJERCITACIÓN DEL PRINCIPIO DE LA VERDAD
EN LOS PROBLEMAS DIARIOS DE LA VIDA

Me encuentro sentada en un terrible atascamiento de tránsito. Debo llegar en poco tiempo a un seminario y sé que nunca lo lograré. El corazón se me acelera, me sudan las palmas de las manos, me sube la temperatura y me siento tentada a hacer sonar la bocina y a gritar por la ventanilla. Mientras hecho humo por mi *problema* (estar atascada en el tránsito), comienzo a abrirme paso a través del Principio de la VERDAD. ¿Cuál es mi *respuesta* al problema? Me siento ansiosa, enojada e impaciente. Me digo que esto es espantoso, que detesto estar atascada en el tránsito y que debiera haber salido más temprano. ¿Hay algún *ídolo oculto* en esta situación? Para descubrirlo, debo hacerme algunas preguntas. En primer lugar, ¿qué quiero en este mismo momento? Deseo llegar a tiempo. ¡Quiero salir de este embotellamiento! Deseo vivir sin complicaciones, ¡y no deseo esperar! A continuación, debo preguntarme, ¿qué es lo que más amo o temo en este momento? Me encanta tener una vida sin complicaciones. Le temo a la vergüenza de llegar tarde y tener que excusarme porque llego tarde a un seminario. ¿Cuál es el ídolo? Por lo general, descubro que no es lo que deseo, sino el hecho de que lo deseo demasiado.

¿Cuál es la verdad? ¿Cómo ve Dios mi problema? Recuerdo que Dios tiene el control. Él ha ordenado mi día. No puedo cambiar nada en esta situación excepto mi respuesta al problema. En este momento, puedo confiar en Él rindiéndole lo que mi corazón desea (llegar a tiempo, salvar las apariencias y tener una vida sin complicaciones), o puedo intentar con más fuerza que la vida marche por mi propia cuenta. ¿Cuál de los dos elegiré? En esta situación, la *respuesta de mi corazón* es rendirme a Dios, sentarme con paciencia y esperar a que el tránsito comience a moverse de nuevo. No conozco el porqué, y a lo largo de los años he aprendido que no necesito conocerlo. Eso es una parte de la confianza. Y el resultado maravilloso es que al revisarme conforme a los pasos del Principio de la VERDAD, la ansiedad y el enojo que me invadían momentos antes, ya no me gobiernan. Todavía no me gusta quedarme sentada en los embotellamientos de tránsito ni llegar tarde a las reuniones, pero puedo soportar los hechos de una manera que agrade a Dios.

LA INFRACCIÓN DE Carol

Así como apliqué el Principio de la VERDAD cuando me encontraba exasperada allí sentada en medio del embotellamiento, puedo usar el modelo en cualquier situación en que me encuentre a lo largo del día. Mi amiga Carol me describió cómo usó el Principio de la VERDAD cuando descubrió que su hija no pudo integrar el equipo de baloncesto intercolegial. Se sintió molesta y dolida, tanto por ella como por su hija. Estaba enojada con el entrenador que sacó a su hija del equipo y le parecía que el proceso de selección no fue justo. Estaba ansiosa al pensar que su hija podía tomárselo muy a pecho y que tal vez se iba a involucrar en actividades menos constructivas en el instituto. Se sintió tentada a dirigirse a la oficina del entrenador para darle un buen sermón.

En su lugar, Carol manejó esta situación utilizando el Principio de la VERDAD. En primer lugar, se preguntó cuál era su problema. Lo anotó en un papel para poder verlo bien.

Mi problema: A mi hija la dejaron fuera del equipo.

Después, Carol echó una mirada a su respuesta a los problemas. La idea de anotar las respuestas en un papel puede ser una manera práctica de examinar tus pensamientos, sentimientos y comportamientos con más cuidado. Dar este paso es importante para comprenderte mejor. Al igual que Carol, al recorrer el Principio de la VERDAD en el caso particular de tu problema, tal vez quieras hacer un cuadro por escrito. Cuando te familiarices más con este cuadro, puedes hacerlo mentalmente. (Véase el Cuadro 7.1).

Cuadro 7.1

Problema	Pensamientos	Sentimientos	Comportamiento
A mi hija la sacaron del equipo.	A mi hija la sacaron del equipo.	enojo	
	El entrenador fue injusto	enojo	
	¿Y si le afecta de verdad?	ansiedad	
	No puedo creer que le sucediera esto.	tristeza	
	¿Por qué le ocurrió?	tristeza	
	El entrenador fue injusto	enojo	
	Deberían despedirlo.	enojo	
	No sabe lo que hace.	enojo	
	Tiene favoritas.	enojo	
	¿Y si ahora anda con malas compañías?	ansiedad	
	No soporto verla sufrir.	tristeza, dolor	

Como Carol no ha tomado ningún curso de acción todavía, dejó la columna de comportamiento de su cuadro en blanco.

El cuadro le dio a Carol una comprensión mucho más clara de sus sentimientos y de *por qué* los tenía. Logró ver cómo no se disparon por el problema, sino por los pensamientos específicos que tenía *sobre* el problema.

A continuación, Carol deseaba ver si tenía algún ídolo en su corazón. ¿Había algo más en este incidente que lo descubierto hasta ahora? Carol comenzó a hacerse preguntas para descubrir los deseos de su corazón. ¿Qué deseaba en este momento? ¿Qué amaba? ¿A qué le temía? Esto fue difícil para Carol. No estaba acostumbrada a pensar en lo que deseaba. Algunas veces sentía culpa cuando reconocía, aun para sí misma, lo que deseaba de verdad. Aquí tenemos la conclusión a la que llegó.

1. Deseaba que mi hija entrara en el equipo.
2. Deseo que mi hija sea feliz.
3. Deseo que la traten con justicia.
4. Deseo que sea una buena atleta.
5. Me encanta observarla cuando juega al baloncesto.
6. Me encanta sentirme una buena madre y me siento así cuando mi hija participa en cosas buenas como los deportes.
7. Temo de cómo pueda responder mi hija a esta desilusión.
8. Temo de lo que la gente pensará de mí si respondo de manera pobre.

Es importante que Carol admita y se fije en los deseos de su corazón porque nuestros deseos son los que nos gobiernan (véase capítulo 4). En el caso de los cristianos, la mayor parte del tiempo nuestros deseos no son abiertamente pecaminosos. Por lo general, son buenos y legítimos, pero se han vuelto demasiado importantes y se interponen en el camino de lo mejor que Dios tiene para nosotros. ¿Qué sucedió con Carol cuando no obtuvo lo que deseaba?

El siguiente paso que implementó Carol fue mirar su problema desde la perspectiva de Dios (la Verdad). Al pasar tiempo en oración con Dios, comenzó a ver sus problemas de manera diferente. (Recuerda, la oración no siempre cambia nuestra situación, sino que siempre cambia la manera en que la miramos). Comenzó a conversar sinceramente con Dios acerca de los deseos de su corazón y sus sentimientos al no poder satisfacer esos deseos. En ese proceso, Dios le recordó que ama a su hija más de lo que ella jamás podrá amarla, y que iba a tener que confiar en Él para salir bien de esta situación. También le recordó varios Salmos, como el 55 y el 73, que hablan de momentos en los que a David lo trataron de manera injusta. Dios la entendía y la comprendía.

Dios también comenzó a señalarle con dulzura que dependía demasiado de su imagen como buena madre. Debía aprender a no temer las críticas de los demás en cuanto a su papel de madre si deseaba alguna vez sentirse libre para ser una verdadera buena madre.

Carol respondió a la verdad de Dios al decidirse a creerle y confiar en que Él sabía lo que era mejor para su hija. Cuando tomó esa decisión, sintió la capacidad emocional para manejar su desilusión legítima de manera que honrara a Dios. Entonces también pudo estar lista para comenzar a guiar a su corazón a perdonar al entrenador, aunque todavía pensaba que era injusto y que tenía sus favoritas. Sin embargo, en lugar de reaccionar y entrar en su oficina para darle un sermón, pensó y oró para saber si al entrenador y a su hija les serviría de ayuda hablar con él sobre sus métodos para seleccionar el equipo. Más importante aun, Carol recibió el poder para *ser* una buena madre y ayudar a su hija a superar esta desilusión de una manera madura.

Algunas veces pensamos que tomarnos el tiempo para revisar los hechos menores de nuestra vida no es importante para nuestra madurez global. Sin embargo, en la práctica fiel de revisar estos pasos en las pequeñas cosas es donde crecemos en fuerza y perseverancia para lidiar con los problemas mayores de la vida.

FELIPE PIERDE EL TRABAJO

A los cincuenta y dos años de edad, Felipe nunca se imaginó que lo echarían de la compañía donde había trabajado durante veinticinco años. Se sentía deshecho, tentado a dejarse vencer por el temor y a ceder a la depresión. El Principio de la VERDAD le dio a Felipe una herramienta para ayudarlo a través de su dificultad.

El problema evidente de Felipe era la pérdida de su trabajo. ¿Cuál fue su respuesta al problema? (Véase el Cuadro 7.2).

Con facilidad podemos ver que algunos de los pensamientos de Felipe eran razonables; otros no. Algo que debía hacer era desafiar sus pensamientos irracionales con la verdad. Su monólogo interno, que insistía en que era un fracaso y que nunca más estaría en condiciones de sobreponerse, lo dejaban paralizado.

Cuadro 7.2

Problema	Pensamientos	Sentimientos	Comportamiento
pérdida del trabajo	No puedo creer que me sucediera esto.	conmoción	retraerse de la familia y de los amigos
	¿Qué haré?	ansiedad	andar cabizbajo por la casa
	¿Y si no encuentro otro trabajo?	temor	
	¿Cómo sobreviviré?	temor	
	¿Quién va a emplear a un hombre de cincuenta y dos años?	depresión	dormir demasiado
	Soy un fracaso total.	depresión	
	Nunca lograré recuperarme de esto.	desesperación	

Luego de trabajar de forma ininterrumpida para la misma compañía por más de veinticinco años, sin duda no era cierta su conclusión de que era un fracaso.

A Felipe lo ayudó mirar más hacia dentro para comprenderse mejor. ¿Cuáles eran los posibles ídolos ocultos en su corazón? ¿Qué quería? Felipe deseaba trabajar. Deseaba recuperar su antiguo trabajo. Deseaba tener un ingreso estable para sostenerse a sí mismo y a su familia. Le encantaba la seguridad de poder pagar sus cuentas y de ahorrar para su jubilación. Temía perder sus ahorros, su hogar y su autoestima. Temía que el hecho de que lo hubieran despedido del trabajo tuviera un impacto en sus futuros proyectos de empleo y que los demás tendrían un concepto más bajo de él.

Los deseos del corazón de Felipe son deseos normales que, en cierta medida, todos tenemos. La sensación de inseguridad y de temor cuando nos enfrentamos a la pérdida de algo querido es una respuesta humana normal. Es por eso que el siguiente paso en el Principio de la VERDAD es tan crucial para nuestro bienestar. Durante esta clase de problemas todos nos enfrentamos a la pregunta: «¿La realidad de nuestra relación con Dios suple nuestras más profundas necesidades?». ¿Confiamos en Dios de verdad? ¿Esta verdad habla a lo más profundo de nuestro corazón? ¿Tiene el poder de calmar la intranquilidad y la conmoción que se despierta en nosotros y de ayudarnos a enfrentar la vida con valor?

A medida que Felipe dedicaba tiempo a derramar su corazón delante de Dios y de sus amigos cristianos, pudo recordar lo que es verdad: Dios no lo había abandonado. Conocía su situación y tenía el control de la misma. Él proveería. Mediante el apoyo de la Palabra de Dios y del pueblo de Dios, estas promesas se convirtieron en realidades más profundas para Felipe y su familia mientras atravesaban el problema de la pérdida del trabajo. Aunque seguía deseando las mismas cosas que antes, estos deseos no gobernaban su corazón. Deseaba más lo que Dios deseaba que recuperar su antiguo trabajo y la seguridad financiera.

El corazón de Felipe hubiera podido responder con enojo o incredulidad. Estas son tentaciones que todos tenemos que enfrentar cuando perdemos el control y no sabemos lo que va a suceder. Sin embargo, Dios siempre procura profundizar nuestra dependencia de Él y nuestra confianza en Él. A menudo usa los problemas de nuestra vida para lograr justamente ese propósito.

Jesús dijo: «Conocerán la verdad, y la verdad los hará libres» (Juan 8:32). Libres de los hábitos y conductas de la vieja naturaleza. Libres para despojarnos de todo lo que sea contrario a su semejanza en nosotros. Libres para convertirnos en todo lo que desea que seamos. Libres para convertirnos en lo que somos de verdad en Cristo. Pablo nos dice en Efesios 4:22-24: «Con respecto a la vida que antes llevaban, se les enseñó que debían quitarse el ropaje de la vieja naturaleza, la cual está corrompida por los *deseos engañosos*; ser renovados en la actitud de su mente; y ponerse el ropaje de la *nueva naturaleza, creada a imagen de Dios, en verdadera justicia y santidad*» (cursivas añadidas).

Tiempo de reflexión

1. Comienza a memorizar los pasos del Principio de la VERDAD. En un diario, identifica un problema en particular que enfrentas y luego responde las preguntas que se encuentran a continuación:

T. ¿Cuál es el *problema* que enfrento? ¿Qué puede querer hacer Dios en este problema?

R. ¿Cómo he *respondido* a mi problema? ¿Qué pienso y qué siento? ¿Me he dado cuenta de cómo mis pensamientos influyen en mis sentimientos? ¿Cómo me comporto en medio del problema?

U. ¿Cuáles son los *ídolos ocultos* en mi corazón? ¿Qué quiero en este mismo momento? ¿Qué es lo que más amo o lo que más temo? ¿Qué me gobierna?

T. ¿Cuál es la *verdad*? ¿Quién es Dios para mí y cuál es su perspectiva? ¿Creo y confío en Él?

H. ¿Cuál es la *respuesta de mi corazón* a Dios? ¿Me he arrepentido de los ídolos de mi corazón? ¿He aceptado las cosas que me ha mostrado y las he practicado en los hábitos diarios de mi vida?

Cuando te encuentres preocupado o molesto, comienza a aplicar los pasos del Principio de la VERDAD a tu situación. Fíjate dónde te has quedado trabado. Tal vez estas sean esferas en las que Dios desea que madures. ¿Qué harías para comenzar a confiar más en Él? ¿Cómo aplicarías su verdad a los problemas de tu vida?

2. Todos los días revisa los pasos del Principio de la VERDAD cuando te encuentras en alguna dificultad menor. Fíjate qué cambios se producen de acuerdo a cómo lidias con la situación y el efecto que tienen sobre tus emociones a medida que atraviesas el proceso. Al ganar madurez para enfrentar las dificultades pequeñas, descubrirás que estás mejor preparado para hacerlo con los problemas más serios que Dios puede permitir en tu vida.

LA VISIÓN GLOBAL

UTILIZACIÓN DEL PRINCIPIO DE LA VERDAD PARA REVELAR LA TEMÁTICA IDÓLATRA DE LA VIDA

Les pedimos encarecidamente en el nombre del Señor Jesús que sigan progresando en el modo de vivir que agrada a Dios.
1 TESALONICENSES 4:1

Existen muchos buenos libros que describen lo que necesitamos cambiar en nuestra vida y cómo debe ser un cristiano maduro; pero casi nunca *muestran* cómo llegar desde el punto A hasta el B. Como dijimos en el capítulo 7, el Principio de la VERDAD puede ser el mapa de ruta. Puede usarse para saber cómo reaccionar ante un problema menor, como un atascamiento de tránsito, y te puede ayudar a navegar en medio de problemas que alteran mucho más la vida como un divorcio o una enfermedad seria. Al tener cada vez más experiencia en el manejo del Principio de la VERDAD, tal vez quieras expandir su aplicación: No solo puede ayudarte en los problemas de la vida, sino también puede ayudarte a alcanzar un cambio personal más profundo en los hábitos dominantes.

Gina llegó a terapia con una depresión clínica y baja autoestima. Según sus propias palabras, su vida era «un desastre». Estaba endeudada como resultado de sus malos hábitos en la utilización del dinero. Le resultaba difícil usar el tiempo de manera sabia y parecía que nunca tenía tiempo para hacer sus devocionales ni para hacer ejercicio en forma regular. Su salud se estaba deteriorando, pero cuando el médico le recomendó una dieta especial, Gina se encontró con que le resultaba imposible mantenerla.

«Parece que no puedo hacerla y punto», dijo llorando. «Es demasiado difícil». Las relaciones de esta joven eran superficiales y evadía las salidas con sus amigos. «Estoy demasiado deprimida», dijo.

¿Cuáles eran los problemas de Gina? En concreto, eran los problemas de dinero, salud, administración del tiempo y las relaciones con los demás. Al mirar la respuesta a sus problemas, vemos que se sentía abrumada y deprimida. Se decía que el cambio era demasiado difícil y que ella era demasiado débil. Se decía que no era justo que Dios permitiera que su vida fuera tan difícil. Gina se mimaba a sí misma en busca de alivio. Salía de compras, miraba televisión o comía demasiado como una manera de soportar su vida difícil e insatisfactoria.

Ahora bien, cualquiera de estas esferas le daría a un consejero mucho material sobre el cual trabajar. ¿Debía ayudar a Gina a sentirse mejor con respecto a sí misma a fin de que no estuviera tan deprimida y tuviera la capacidad de enfrentar algunos de sus problemas? ¿Debía enseñarle técnicas para controlar el tiempo y el dinero de modo que fuera capaz de controlar su impulso de gastar? ¿Debía explorar el entorno familiar y su historia personal para ver si problemas como el abuso o la adicción influyeron en su situación actual? Cualquiera de estas estrategias hubiera sido apropiada y hasta necesaria en el momento adecuado, pero no de inmediato. En primer lugar, debía ayudarla a sacar a la luz lo que había en su corazón con el propósito de que se produjeran cambios duraderos.

¿Cuáles eran sus ídolos ocultos? ¿Qué gobernaba el corazón de Gina? Era cristiana. Iba a la iglesia con regularidad. Decía que amaba a Dios, pero también tenía otros amores. ¿Qué quería? Cuando conversamos, descubrí que a Gina le encantaba el placer, la diversión y pasarla bien. Deseaba alivio y una vida libre de problemas. Veía a Dios más o menos como «el muchacho de los mandados con poderes mágicos»[1] que se suponía que interviniera para darle una vida grandiosa. En su mente, Dios existía para servirla y hacerla feliz.

164

Desde la perspectiva de Gina, Dios no hacía un buen trabajo.

Cuando comenzamos a mirar sus problemas a la luz de la verdad, empecé a desafiarla con el pensamiento de que quizá Dios quisiera usar sus dificultades para desarrollar algo en ella. Un versículo de gran ayuda para Gina fue Proverbios 15:32: «Rechazar la corrección es despreciarse a sí mismo». ¿Sería posible que la depresión de Gina y su baja autoestima se debieran a una autodisciplina inadecuada para tratar los problemas con madurez en lugar de ser el resultado de los problemas en sí? ¿Sería posible que Dios, en su fiel amor a Gina, estuviera trabajando *en* ella para desarrollar la disciplina precisa que le ayudara a madurar y, en definitiva, a sentirse de una manera más positiva con respecto a sí misma?

Cuando Gina se tomó tiempo para asimilar lo que Dios le enseñaba, su corazón comenzó a responder en fe a Dios. La imagen que tenía de Él dejó de ser el de un muchacho de los mandados que la servía para transformarse en la de un Padre amoroso que la disciplinaba para que no siguiera lastimándose. Dios deseaba que creciera y que lo sirviera. Su corazón comenzó a arrepentirse de los patrones de pensamiento, de conducta y de vida pecaminosos y autodestructivos que tenía. También comenzó a reconocer que amaba más el placer que a Dios. Como consecuencia de su arrepentimiento, Gina comenzó a dar pequeños pasos de autodisciplina que la ayudaban a dejar de repetir los viejos patrones y a desarrollar otros nuevos. A medida que comenzó a practicar estos pasos y a desarrollar el autocontrol, algo sucedió en ella. Comenzó a sentirse mejor con respecto a sí misma y desapareció su depresión.

CAVEMOS MÁS A FONDO

Al igual que Gina, a medida que te familiarices más con el uso del Principio de la VERDAD en tu vida diaria, es probable que descubras asuntos que se repiten y que surgen tanto en tus respuestas a los problemas como en los ídolos de tu corazón. El Principio de la VERDAD puede usarse para ayudarnos a trabajar en un carácter que viene de larga data o en debilidades de la personalidad que dominan muchas de nuestras luchas diarias. Nuestro temperamento influye en la manera que trabajamos, pensamos e interactuamos con nuestra familia y nuestros amigos. En nuestra travesía hacia el carácter de Cristo, Dios procura traer equilibrio y madurez a nuestra vida a través del poder de su Espíritu, que vive y trabaja en nuestro corazón. Por lo general, es difícil ver cuáles son las esferas de dificultad, y mucho más difícil cambiarlas. A menudo nos ayuda trabajar con otros cristianos que sean más maduros que nosotros y que nos puedan ayudar a ver la verdad acerca de nosotros mismos y de nuestra situación con mayor claridad.

JUAN: EL CONTROLADOR

¿Recuerdas a Juan, el de los capítulos 3 y 4? Con frecuencia perdía los estribos con su esposa, María. Como cristiano, Juan reconocía que su mal genio era pecaminoso y que dañaba su relación con María. Sin embargo, luego de años de intentarlo, todavía no lograba controlar con constancia sus estallidos de ira. ¿De qué manera podía expresarse mejor y qué debía hacer a fin de ser más constante en el control de su mal genio?

¿Cuál era su problema? Básicamente, todo lo que no le gustaba o todo lo que no salía de acuerdo a como pensaba que debía salir le generaba un conflicto. A menudo, lo experimentaba en la relación con su esposa, pero también había otras esferas de su vida en las que Juan tenía problemas. Por ejemplo, cuando sus subordinados en el trabajo cometían un error o no terminaban sus tareas como a él le hubiera gustado, se volvía muy crítico. Cuando sus hijos se portaban mal, eran descuidados o hacían alguna tontería, Juan casi siempre explotaba.

Al utilizar el Principio de la VERDAD para comprender el problema de Juan, pudimos tratar incidente por incidente, como lo hicimos en el capítulo 3, donde el problema de Juan estaba en cada vez que María no colocaba de nuevo los lápices en el cajón. O pudimos mirar con mayor detenimiento los problemas de Juan y llegamos a la conclusión de que surgían siempre que las cosas no salían a su manera.

El siguiente paso del Principio de la VERDAD es que Juan entienda mucho mejor su respuesta general a los problemas. Al comienzo, Juan culpaba a María por sus estallidos de ira. No entendía que sus respuestas provenían de su propio corazón. Creía que si María dejaba de hacer las cosas que a él le molestaban, no se iba a sentir como se sentía. Esta forma de pensar es sutilmente engañosa ya que tiene una pizca de verdad. Es evidente que si María hubiera puesto los lápices y bolígrafos de vuelta en el cajón, Juan no se hubiera enojado... esa vez. Sin embargo, el asunto básico de la vida de Juan: «Las cosas siempre deben salir como yo quiero», hubiera quedado sin examinar.

Cuando trabajamos en el segundo paso del Principio de la VERDAD, este nos ayuda a identificar primero nuestros sentimientos y luego los pensamientos que contribuyen a generar esos sentimientos, en lugar de culpar a los problemas que sacaron a esos sentimientos a la superficie. Al tomarte el tiempo para hacer esto, te darás cuenta de que hay ciertos asuntos que se repiten. Por ejemplo, cuando Juan examinó sus pensamientos luego de varios incidentes, surgieron cuatro aspectos:

1. Las cosas siempre deben salir como yo quiero.
2. Los demás deben actuar como yo quiero y la opinión que tienen sobre mí debe ser la que yo quiero.
3. La gente debe tenerme en cuenta y debe respetar mis deseos y sentimientos.
4. La gente debe dejar de hacer las cosas que me molestan.

Juan tenía cantidades de «deben» en cuanto a la forma en que debían vivir los demás. Cuando no cumplían sus expectativas, esto disparaba sus respuestas de ira.

Fijarse en los ídolos ocultos del corazón es ir aun más a fondo. El tercer paso en el Principio de la VERDAD es crucial, ya que Juan no cambiará en forma permanente si solo aprende a controlar su mal carácter o si tiene mejores respuestas a sus problemas. Muchas veces es aquí donde nos apartamos del camino de esforzarnos cada vez más, solo para encontraros con que fallamos al final. Si Juan no busca los ídolos que gobiernan su corazón, responderá de la misma manera una y otra vez, aunque intente no hacerlo. Al examinar lo que más amaba o deseaba, Juan pudo ver con mayor claridad lo que gobernaba su corazón.

Repito, el Principio de la VERDAD se puede usar para obtener una fotografía instantánea (en otras palabras: «¿Qué quiero en este momento?»), o puede usarse en un sentido más amplio para buscar los ídolos que gobiernan casi siempre nuestro corazón.

En el caso de Juan, el ídolo que gobernaba su corazón era el deseo de que las cosas se hicieran a su manera. Deseaba que todos pensaran primero en sus necesidades y usaba su ira para ejercer poder y control sobre las personas que lo rodeaban para asegurarse de que sería así. Si Juan cambia su comportamiento aprendiendo técnicas para controlar el enojo, podrá llegar a usar medios más aceptables socialmente para que las cosas se hagan a su manera, pero el problema central del egoísmo de Juan y su ídolo de poder y control quedarían sin tratamiento y sin cambios.

Algunas veces, estas creencias profundamente arraigadas pueden resultar muy difíciles de ver sin ayuda externa. El corazón es engañoso y no tenemos una inclinación natural a desafiar las cosas que deseamos.

A medida que sacamos a la luz los ídolos de nuestro corazón, es importante que los desafiemos con la verdad de la Palabra de Dios. En este paso del Principio de la VERDAD, Juan tuvo que preguntarse: «¿Es verdad que todo tiene que salir como yo deseo o espero? ¿Es verdad que los demás siempre deben satisfacer mis necesidades?». Juan quedaba atascado en este paso porque creía que *era* verdad (sobre todo, en el caso de María y sus hijos). Creía que Dios *quería* que tuviera lo que él quería: amor, sumisión, comprensión, orden y obediencia; por lo tanto, no podía ver por qué este deseo estaba mal. «Como esposo cristiano, tengo derecho a tener estas cosas», se decía. También creía que como cabeza de su hogar tenía la autoridad para castigar a los que no lo complacían. En tanto Juan siguió creyendo estas cosas, su ira continuó sirviendo al ídolo que gobernaba su corazón mediante el uso del poder y el control a fin de obtener lo que deseaba. Le resultaba muy difícil rendirlo.

Al final, gran parte del crecimiento y la madurez de Juan provinieron de su disposición a permitirles a otros cristianos que le mostraran la verdad acerca de Dios. Juan necesitaba ver a Dios de una manera diferente. En el paso de la verdad de nuestro modelo, Juan necesitaba ver que no se miraba a sí mismo ni a su situación desde la perspectiva de Dios. Usaba a Dios para que cumpliera sus deseos. Para Juan, las Escrituras que hablaban del servicio, de la tolerancia, de la paciencia y del amor a los demás no eran más que palabras escritas en una página. No tenían significado ni propósito en su vida. Los versículos que a Juan le encantaban eran los que le servían a su ídolo. Usaba las Escrituras para controlar y manipular a los demás de manera muy parecida a como usaba su ira. Para tener un cambio de corazón, tuvo que permitir que la verdad de la Palabra de Dios le hablara. Tuvo que ver cómo responde Dios cuando no hacemos lo que Él desea. Necesitaba ver cómo trataba Jesús a la gente que lo desilusionaba. Tuvo que aprender mucho más sobre la misericordia, la gracia y el amor.

Muchos nos sentamos en la iglesia semana tras semana y escuchamos buenas enseñanzas, pero nuestro corazón desea lo que desea y, por lo tanto, no responde a la verdad de Dios con sumisión o arrepentimiento. En su lugar, tratamos de imaginarnos cómo nos las arreglamos para sentirnos mejor, para lograr lo que queremos o justificar nuestros propios planes. Al principio, esta fue la respuesta de Juan. Sin embargo, una parte de él deseaba de verdad ser diferente y crecer en Cristo. Fue en esta parte de Juan donde la verdad de Dios comenzó a echar raíces. A medida que se esforzaba por comprender la realidad del amor y la gracia de Dios, su corazón comenzó a suavizarse.

El solo hecho de conocer la verdad no nos cambia. Solo cuando respondemos con nuestro corazón en confianza y obediencia a la verdad comenzamos a cambiar en realidad. Este es el paso final en el Principio de la VERDAD. El corazón de Juan comenzó a responder al amor y a la gracia de Dios hacia él. Su corazón deseaba responder a ese amor. Comenzó a entender que el amor da, que no busca lo suyo (1 Corintios 13). En lugar de solo lamentarse por perder los estribos, aprendió a arrepentirse de su actitud demandante en la que exigía que todo se hiciera a su manera. Comenzó a detectar a tiempo cuándo comenzaba a enojarse. En lugar de aprender a controlar su mal genio, comenzó a rendirle a Dios su deseo de salirse con la suya y de que todos suplieran sus necesidades. Al hacerlo, descubrió que las cosas no le molestaban con tanta facilidad como antes. Aún deseaba el amor de María, su comprensión, su sumisión y el orden en la casa, pero ahora estaba dispuesto a dejar que ella fuera la que le diera estas cosas en lugar de exigirlas. Cuando María le fallaba, aprendió a perdonarla en lugar de castigarla.

En el proceso, Juan tuvo que rendir su deseo de poder y control a Dios, que *es* el que en verdad tiene el control. Se debatió con una pregunta universal: ¿Dios sabe lo que hace cuando no me da los deseos de mi corazón? A medida que aprendió a confiar más en Dios, pudo soltar el control sobre sus relaciones y pudo observar y comprender cómo Dios usaba estas relaciones para desarrollar en su corazón el fruto del Espíritu como la paciencia, la amabilidad, el dominio propio y el amor.

Estos cambios llevaron tiempo. No se produjeron en seis semanas, ni siquiera en seis meses. A veces María no estaba segura de si podía seguir soportándolo. Juan tuvo que permitir que el cuerpo de Cristo le ministrara. Tuvo la necesidad de leer la Palabra de Dios con un corazón abierto y no solo para apoyar sus convicciones. Juan tuvo que practicar la paciencia y la tolerancia en las pequeñas cosas, lo cual lo preparó mejor para enfrentar las grandes desilusiones. Tuvo que aprender a perdonar y a olvidar las heridas y las desilusiones. Tuvo que aprender a vivir para

Cristo y no para sí mismo. A medida que Juan se comprometía con este proceso, comenzaba a madurar tanto en el aspecto espiritual como en el emocional.

MARÍA: LA COMPLACIENTE

María tenía un enfoque de la vida muy diferente al de Juan. Detestaba el conflicto y lo evitaba al máximo. Esto era perfecto para Juan porque quería decir que muy a menudo las cosas se hacían a su manera. Si Juan elevaba la voz, María se encogía. Casi siempre se esforzaba por agradar a Juan para evitar escenas desagradables. Sin embargo, su desorganización natural contribuía a tener una fuente de conflicto entre ambos. Por más que lo intentara, era inevitable que de alguna manera no estuviera en condiciones de satisfacer las expectativas de Juan.

María describía su problema refiriéndose a una relación tumultuosa con su esposo. Veamos las respuestas de María a su problema (véase Cuadro 8.1).

Cuadro 8.1

Problema	Pensamientos	Sentimientos	Comportamiento
¡Juan está loco!	Ay, no, ¡aquí se arma otra vez!	ansiedad	retraimiento
	¿Por qué no recuerdo de una vez por todas qué quiere?	ira contra sí misma	esfuerzos por complacer a Juan
	No soporto cuando se enoja como loco conmigo.	depresión	llanto
	¿Y si me abandona?	temor	llanto
	¿Por qué no puede dejar de gritarme?	dolor	llanto

Durante el período en que conocí a María, se hizo evidente que sus sentimientos y comportamientos representaban asuntos que se repetían en sus relaciones, no solo con su esposo, sino también con su madre, su hermana menor y algunos amigos de la iglesia. En cierta ocasión, una de sus amigas cayó en su casa con tres cestos de ropa para que María se la lavara. El razonamiento de su amiga era que como ella trabajaba a tiempo completo y María estaba en casa «sin hacer nada», sin duda podía ayudarla lavándole la ropa. María nunca se negaba y no pasó mucho tiempo antes de que se convirtiera en una tarea semanal. Era complaciente y pacificadora, lo que significaba nunca decir no, ni poner límites. Hacía todo lo posible para evitar los conflictos.

Veamos cuáles eran los ídolos ocultos del corazón de María. Eran muy diferentes a los de Juan. Cuando le pregunté por los deseos de su corazón, dijo: «Solo quiero un buen matrimonio. Deseo ser feliz y que Juan sea feliz conmigo. Quiero que la gente aprecie todo lo que hago por ellos. Quiero caerle bien a la gente y que se sientan felices conmigo. Deseo tener una vida hogareña pacífica. Y no deseo que nadie se enoje jamás conmigo».

¿Cuál era el amor de María? Le encantaba la serenidad y la paz. Le encantaba que las cosas salieran bien sin dificultades en el camino. Le encantaba agradar a los demás y que la gente estuviera contenta con ella. Sentía temor cuando los demás se mostraban disgustados. Creía que, de alguna manera, tenía la responsabilidad de la ira o la desilusión que sentían hacia ella. Temía que las personas terminaran la relación que las unía si ella no los hacía felices. Temía que si les decía cómo se sentía en realidad, se enojarían con ella.

El siguiente paso para María fue mirar la verdad. ¿Qué tiene Dios que decir en cuanto a su «manera de vivir»? Para empezar, Proverbios 29:25 dice: «Temer a los hombres resulta una trampa». El temor del hombre regía el corazón de María. Le encantaba la aprobación de la gente y temía su desaprobación. La mayoría de nosotros puede sentirse identificado con el deseo de que la gente nos quiera, pero ese deseo gobernaba la vida de María. Hacía cualquier cosa con tal de asegurarse de que la gente la quisiera, aun cuando esto significara comprometer sus propios sentimientos o bienestar. Cuando temía que no obtenía el anhelo de su corazón, se sentía llena de ansiedad.

A medida que trabajaba con María sobre estas cosas, descubría que creía que Dios deseaba que agradara a la gente y que siempre pensara en primer lugar en las necesidades de los demás. Siempre le habían enseñado que era egoísta pensar en sí misma o decir que no a menos que de ninguna manera pudiera hacer algo, y era mejor que tuviera una muy buena razón. Esta mujer necesitaba entender que no «amaba a los demás» al satisfacer sus necesidades por temor. En realidad, si deseaba avanzar en cuanto a amar a su esposo de una manera centrada en Dios, debía arriesgarse al rechazo. En lugar de retraerse de Juan durante un conflicto matrimonial, tendría que desarrollar el valor para hablar la verdad en amor acerca de las actitudes y acciones destructivas de él. María necesitaba encontrar su seguridad y bienestar en su relación con Jesús, en lugar de buscarla en la relación con los demás. Solo entonces sería lo suficiente fuerte como para hacer las cosas que necesitaba sin que el temor la dejara paralizada.

Cuando el corazón de María captó la verdad de lo que Dios le mostraba, comenzó a ver en las Escrituras que algunas veces Jesús no le caía bien a la gente. Era perfecto y, sin embargo, las personas no siempre estaban de acuerdo con lo que Él hacía. Algunas veces decía que no y otras les decía la verdad a los que no recibían sus palabras. María respondió a esta revelación aceptando delante de Dios que sus deseos y temores gobernaban su corazón. Estuvo de acuerdo en que tendría que darle menos importancia a las opiniones que la gente tenía respecto a ella, si alguna vez esperaba ser todo lo que Dios había planeado que fuera.

María comenzó a arriesgarse a tener conflictos en baja escala al decirle que no a la gente. Primero lo practicó con los extraños.

Luego siguió adelante diciéndole que no a las personas cuyas opiniones le importaban mucho. Se encontró con que algunas veces las personas sí se enojaban con ella. Cuando al fin le dijo a su amiga que no le lavaría más la ropa, esta se sintió desilusionada y un tanto enojada. Sin embargo, María permaneció firme y dijo que valoraba demasiado la amistad que las unía como para permitir seguir sintiendo que se aprovecharan de ella. Necesitaba expresarse. Esperaba que su amiga aceptara sus sentimientos. El mayor cambio se produjo cuando no necesitó que su amiga entendiera ni aceptara sus sentimientos. Si lo hacía, bien, pero María no se iba a quedar paralizada si su amiga no los aceptaba.

A medida que María trabajaba en los pasos del Principio de la VERDAD, comenzaba a fortalecer su relación con Dios. Mientras María aprendía a creerle más a Dios y a experimentar su amor y aceptación incondicional, lograba liberarse de sus anhelos de aprobación y aceptación de los demás. Comenzó a ver cómo Dios usaba estas oportunidades para desarrollar características más piadosas en ella, rasgos como el valor y la capacidad de hablar la verdad en amor. Al establecer límites para que no la gobernaran los caprichos y los programas de las otras personas, comenzó a convertirse en alguien que agradaba a Dios, no a la gente. A medida que María profundizaba su relación de amor con Jesús, comenzaba a aprender lo que significa vivir para Cristo y no para los demás.

Los siguientes cuadros nos ayudan a localizar algunos de los ídolos ocultos de nuestro corazón, así como los rasgos negativos de la personalidad que pueden acompañar a estos ídolos. El deseo de Dios siempre es alejar nuestro corazón de cualquier cosa que impida nuestra relación con Él y que dificulte nuestra capacidad de parecernos más a Él. Si deseamos desarrollarnos hasta llegar a la máxima madurez, no bastará el simple cambio de nuestro comportamiento. Debemos rendir nuestros deseos idólatras a Dios, de modo que nada de lo que deseemos se compare con Él (Salmo 73:25). (Véanse Cuadros 8.2 y 8.3).

Cuadro 8.2

DESEOS DE NUESTRO CORAZÓN

¿Qué amo?	Posibles rasgos negativos de la personalidad	Comportamiento pecaminoso y tendencias emocionales
placer	indulgencia, egoísmo, egocentrismo	abuso de sustancias, comer en exceso, gastar en exceso, jugar por dinero, vivir de fiesta en fiesta, ser perezoso, moroso
poder	controlador	estallidos de ira, crítica, altercador, mandón, autoritativo, insensible a los sentimientos de otros.
paz (odio el conflicto)	esquivo / finge	pasivo, deshonesto, retraerse del conflicto, nunca resolver problemas
elogio / aprobación	complaciente / finge	temor al rechazo, búsqueda de reconocimiento y amor, dependencia
perfección	competidor	rinde más de lo esperado, adicto al trabajo, crítico, ansioso o deprimido (debido a que nunca nada es lo bastante bueno en sí ni en otros)

Cuadro 8.3

TEMORES DE NUESTRO CORAZÓN

¿A qué le temo?	Posibles rasgos negativos de la personalidad	Comportamiento pecaminoso y tendencias emocionales
fracaso	desertor, rinde más de lo esperado, competidor	desertor, moroso, desanimado, impulsado por el éxito, adicto al trabajo
rechazo	complaciente	codependiente, dócil, deshonesto en cuanto a sus sentimientos, dependiente
humillación	controlador	enojo, conductas intimidantes, actitud de superioridad
conflicto	pacificador	evasivo, se esconde, usa máscaras, finge

JESÚS COMO NUESTRO EJEMPLO DE ABSOLUTA MADUREZ

En Mateo 26, leemos la conocida historia de Jesús en el huerto de Getsemaní. ¿Cuál era el problema? Jesús se enfrentaba a su muerte. ¿Cuál fue su respuesta a este problema? Dijo: «Es tal la angustia que me invade, que me siento morir» (v. 38). Jesús nunca encubrió sus sentimientos. En esta situación, se sentía como nosotros nos hubiéramos sentido. Por lo tanto, sabe cómo nos sentimos cuando nos enfrentamos a los problemas o a las situaciones difíciles (Hebreos 4:15). Algunas veces creemos que convertirnos en cristianos maduros quiere decir que nunca experimentaremos las emociones más negativas como respuesta a nuestros problemas. Pensamos que de alguna manera deberíamos enfrentarlos sintiéndonos felices y con una canción en el corazón. Esto no es verdad. Jesús experimentó una profunda angustia y un hondo pesar en medio de sus problemas.

¿Qué quería Jesús? ¿Cuáles eran los deseos de su corazón? El relato dice que deseaba dos cosas. En primer lugar, deseaba que sus amigos, sus discípulos, oraran por él. En segundo lugar, deseaba no tener que beber de la copa de la muerte. ¿No es eso lo que nosotros deseamos muchas veces? Deseamos que las personas que se preocupan por nosotros satisfagan nuestras necesidades y deseamos librarnos de los problemas. Sin embargo, de buen grado Jesús rindió esos deseos a los planes de Dios. Vivió su vida para agradar al Padre, no para agradarse a sí mismo. Dijo: «Padre mío, si no puede pasar de mí esta copa sin que yo la beba, hágase tu voluntad» (Mateo 26:42, RV-60). Jesús rindió por completo su corazón a Dios. Respondía y se sometía al plan de Dios. Sus amigos lo desilusionaron. Dios no le quitó el problema de encima y Jesús fue por su propia voluntad a la cruz. Es el ejemplo que debemos seguir. Debemos parecernos a Él. El autor de Hebreos nos anima con estas palabras: «Por tanto, también nosotros, que estamos rodeados de una multitud tan grande de testigos, despojémonos del lastre que nos estorba, en especial del pecado que nos asedia, y corramos con perseverancia la carrera que tenemos por delante. Fijemos la mirada en Jesús, el iniciador y perfeccionador de nuestra fe, quien por el gozo que le esperaba, soportó la cruz, menospreciando la vergüenza que ella significaba, y ahora está sentado a la derecha del trono de Dios» (Hebreos 12:1-2).

LA MADUREZ ES UN PROCESO

La madurez siempre es un proceso. Hacen falta por lo menos cincuenta días para que la sonriente cara redonda del girasol surja de la semillita que se plantó en la tierra cálida y húmeda.

Una semilla de manzana puede necesitar hasta diez años para producir manzanas deliciosas y maduras en los días frescos del otoño. Tienen que transcurrir nueve meses de vida en el útero antes de que un bebé esté listo para nacer. Un pequeño no madura y se convierte en un adulto sin atravesar primero la niñez y la adolescencia.

La madurez espiritual, al igual que la física y la emocional, es un proceso que se lleva a cabo a lo largo de muchos años. No debemos desalentarnos ni impacientarnos con este proceso, pues es justo eso: un proceso. Nunca llegaremos al final hasta que muramos. Esto me recuerda el cuento para niños de la tortuga y la liebre. La liebre corrió tan rápido como pudo, pero no terminó la carrera. La tortuga se afanó tanto con fidelidad que al final cruzó la meta. La madurez llega cuando aplicamos día a día y con fidelidad lo que sabemos que es verdad.

Un niño aprende a caminar antes de correr. Aprenderá a saltar y a correr antes de andar en patineta. Aprende a andar bien en patineta antes de intentar dar saltos con ella. Aprende un salto simple antes de intentar uno doble y así sucesivamente. Si en cualquier momento de nuestra travesía hacia la madurez dejamos de aprender o practicar, perderemos terreno. Al caminar fielmente en obediencia en las cosas pequeñas, desarrollamos el carácter que es capaz de lidiar con las cosas grandes. El resultado es una vida eficiente y productiva en nuestro conocimiento de Cristo y una gran bienvenida que recibiremos en el reino eterno (2 Pedro 1:5-11).

Fénelon dice: «Debemos tenernos paciencia, sin halagarnos a nosotros mismos, y debemos someternos continuamente a todo lo que logre vencer nuestras inclinaciones naturales y desagrados internos, a fin de que lleguemos a ser más adaptables a las impresiones de la gracia divina al vivir el evangelio.

»Esta obra, sin embargo, debe desarrollarse en paz y sin problemas. Hasta debe ser moderada, y no debemos hacer el intento de realizar todo el trabajo en un solo día. Debemos tratar de razonar poco y hacer mucho. Si no tenemos cuidado, toda nuestra vida puede irse en razonamientos, ¡y necesitaremos una segunda vida para practicar! Corremos el riesgo de creer que hemos avanzado en proporción a lo que, según nosotros, es la perfección»[2], lo cual solo aviva el fuego de nuestro propio orgullo.

El Principio de la VERDAD nos muestra cómo aplicar la verdad de Dios a nuestra vida y cómo establecerla en nuestro corazón y en nuestra mente de modo que se refleje en nuestro comportamiento, sobre todo cuando las cosas nos salen mal. Este es el camino de la madurez y el crecimiento.

Tiempo de reflexión

1. En la medida en que te hayas familiarizado más con la aplicación del Principio de la VERDAD en incidentes particulares de tu vida, comienza a buscar problemas más amplios de idolatría que te tengan atascado en patrones repetitivos de pecado e inmadurez. Revisa los cuadros de los deseos y temores del corazón. Fíjate si notas algún problema en tu vida que resulte en rasgos negativos de la personalidad o en hábitos de conducta que deben cambiar. En lugar de concentrarte en el hábito, comienza a orar con respecto a los ídolos de tu corazón y toma una decisión consciente de apartarte de ellos. Mientras le rindes de forma voluntaria tus amores y temores a Dios, sigue recordando su amor hacia ti. Solo cuando crecemos en nuestro amor hacia Dios, crecemos en nuestra obediencia a Él.

2. Pregúntate: «¿El deseo de mi corazón es agradar a Dios?». Nuestro corazón tiene muchos deseos. Si nuestro principal deseo no es agradar a Dios sino a nosotros mismos, nunca llegaremos a ser las personas que Dios tenía en mente cuando nos creó. Ora y pídele a Dios que cambie los deseos de tu

corazón a fin de que dejen de agradarte a ti mismo y pasen a agradarle a Él más que a nada en el mundo.

3. Considera la posibilidad de unirte a un grupo pequeño donde se enseñe la Palabra de Dios de manera activa y donde se aplique de forma personal. La intención de Dios nunca fue que maduráramos aisladamente. Proveyó familias para que nutran la madurez física, emocional y espiritual de los niños. También nos dio la familia de Dios (la iglesia) para que nutra a los creyentes en un constante crecimiento y madurez.

Capítulo nueve

Disciplinas del corazón

Preparémonos en los caminos de Dios

*Pongan en práctica lo que de mí han aprendido,
recibido y oído, y lo que han visto en mí.*

Filipenses 4:9

Mi hija, Amanda, toca el piano. Ha estudiado durante más de diez años y es casi una pianista consumada. Al observarla desarrollar este talento, he aprendido mucho acerca del crecimiento y la madurez en mi vida cristiana. Cuando solo tenía cinco años, deseaba tocar el piano. Lo aporreaba un poco, pero en realidad no sabía lo que hacía. Me las arreglé para que tomara lecciones cortas, de quince minutos, para ver si le gustaba de verdad. A partir de este comienzo insignificante, ha progresado a lo largo de los años. Las clases ya son muy largas y pasa horas y horas practicando escalas, ejercicios para los dedos y composiciones para piano. Las actividades grupales relativas a la música, la teoría musical, las actuaciones y los concursos también han formado parte de esta preparación.

Algunas veces, Amanda no tenía deseos de practicar. En realidad, algunos años tuvo deseos de abandonar el estudio. Para todos hubiera sido lo más fácil, pero como madre, no se lo permití. Sabía lo importante que era que desarrollara el don que Dios le dio. Amanda ha perseverado y todas estas disciplinas se han convertido en un modo de vida al cual se dedica con regularidad para que su habilidad musical madure por completo.

A muchos de nosotros nos gusta mirar por televisión las competencias deportivas. Me encantan sobre todo los juegos olímpicos, donde los mejores atletas del mundo compiten para ganar la medalla de oro. Lo que comenzó como un sueño para esos jóvenes atletas se convierte en una realidad potencial solo después de años de práctica disciplinada, mediante la cual entrenan sus cuerpos para que respondan al máximo de sus habilidades.

El apóstol Pablo también habla de entrenarnos para ganar un premio. En 1 Corintios 9:25 dice: «Todos los deportistas se entrenan con mucha disciplina. Ellos lo hacen para obtener un premio que se echa a perder; nosotros, en cambio, por uno que dura para siempre». A Timoteo le dice: «Rechaza las leyendas profanas y otros mitos semejantes. Más bien, ejercítate en la piedad» (1 Timoteo 4:7).

La piedad es sencillamente la naturaleza de Dios dentro de nosotros. Aunque solo por medio del Espíritu de Dios podemos tener un corazón cambiado, las Escrituras nos enseñan que debemos morir a nuestro viejo hombre y disciplinar y ejercitar a nuestro nuevo ser para que se parezca a Jesús. Lo hacemos para ser obedientes, sumisos y dóciles a su Espíritu, así como la naturaleza de Jesús era obediente, sumisa y dócil con respecto a Dios el Padre.

Para el cristiano, no existen los atajos para desarrollar la naturaleza de Dios en nuestro interior. No existen las oraciones mágicas, ni algún versículo especial, ni un toque sanador. Así como un deportista o un músico desarrolla todo su potencial a lo largo de años de fiel entrenamiento y práctica, la naturaleza de Cristo en nosotros se desarrolla mediante un proceso de entrega absoluta por la práctica cuidadosa y el entrenamiento. Una vida disciplinada no es el resultado de una decisión, sino de la práctica.

Lo ideal sería que la respuesta de nuestro corazón frente a quién es Dios y a lo que ha hecho fuera el arrepentimiento, no solo en nuestro corazón, sino también en los hábitos. Si en verdad deseamos crecer hasta alcanzar toda la madurez como la alcanzó Cristo, tendremos que hacer lo mismo que Él.

Cuando Gina (capítulo 8) vino a terapia con depresión clínica y baja autoestima, luchaba con muchas dificultades en su vida que se resumirían en una falta de autodisciplina y de auto-control. Al comienzo, deseaba crecer como cristiana, pero no quería realizar la preparación necesaria a fin de enseñarse a responder al control del Espíritu. En un principio, deseaba que fuera fácil.

Los músicos y deportistas comprenden que nunca alcanzarán su potencial sin esfuerzo. Vaya a saber por qué, los cristianos pensamos ingenuamente que podemos desarrollar nuestra nueva naturaleza sin una preparación disciplinada. Oswald Chambers dice que nuestra «lucha no es contra el pecado; jamás podríamos luchar contra él: Jesucristo se encarga del pecado en la redención. El conflicto», dice, «se encuentra en transformar la vida natural en una vida espiritual, lo que no se logra con facilidad y Dios tampoco pretende que sea fácil. Solo se consigue con una serie de cambios morales. Dios no nos hace santos en el sentido del carácter; nos hace santos en el sentido de la inocencia y nosotros debemos transformar esa inocencia en un carácter santo a través de una serie de decisiones morales. Estas decisiones están continuamente en antagonismo con las costumbres afianzadas de nuestra vida natural, las cosas que se levantan como murallas contra el conocimiento de Dios»[1].

Los cristianos podemos tener todo el deseo del mundo de ser más semejantes a Jesús, pero esto solo es el primer paso. Muchos deseamos ahorrar dinero para la jubilación, pero no tenemos la disciplina necesaria para que ese deseo se haga realidad. Muchos deseamos buenos matrimonios, pero no dedicamos el tiempo ni hacemos el esfuerzo requerido para comunicarnos y relacionarnos de manera eficaz con nuestro cónyuge. Puedo desear correr en un maratón hasta el día que muera, pero nunca estaré en condiciones de que mi cuerpo corra en un maratón, ni siquiera que corra tres kilómetros seguidos, a menos que entrene mi cuerpo para que se comporte de acuerdo al nivel de mis deseos. La mayoría de nosotros nunca seremos atletas ni concertistas sobresalientes, pero en Cristo todo nuestro potencial debe desarrollar la naturaleza de Cristo dentro de nosotros para que nuestra vida glorifique a Dios. Jesús nos dijo: «Todo el que me oye estas palabras y las pone en práctica es como un hombre prudente que construyó su casa sobre la roca» (Mateo 7:24).

Un anciano indio estadounidense describió una vez su lucha interior de esta manera: «Dentro de mí hay dos perros. Uno de ellos es malvado y perverso. El otro es bueno. El perro malo lucha contra el bueno a cada momento». Cuando le preguntaron cuál de los dos perros ganaba, reflexionó unos momentos y contestó: «Aquel al que le doy más alimento».

¿A cuál naturaleza alimentas más? ¿Alimentas a tu naturaleza pecadora con sus deseos corrompidos, con sus patrones de pensamiento pecaminosos y su desobediencia natural con respecto a los caminos de Dios? ¿O a tu nueva naturaleza, a Cristo en ti? Nuestra naturaleza determina nuestros apetitos, comportamientos y asociaciones.

La ardilla tiene naturaleza de ardilla: come nueces, trepa a los árboles y juguetea con otras ardillas. Una ardilla no anda por allí con los sapos ni nada en un estanque. Su naturaleza no está preparada para hacerlo. Nuestra naturaleza humana no desea las cosas de Dios. Se inclina a servir a la carne y es corrupta y pecadora. No obstante, si hemos nacido de Dios, también tenemos una nueva naturaleza, la de Dios. Él nos da nuevos apetitos, nuevos deseos de conductas diferentes y de asociaciones diferentes.

Pablo nos advierte en Romanos 13 que no pensemos en cómo gratificar los deseos de nuestra naturaleza pecaminosa. En cambio, nos dice que pongamos nuestro corazón y nuestra mente en las cosas de arriba y que hagamos morir todo lo que pertenezca a nuestra naturaleza terrenal (Colosenses 3).

¿QUÉ ES LA DISCIPLINA?

No necesitamos que nadie nos enseñe a consentir a nuestra carne. Eso surge con naturalidad. Si huelo que hay galletas con trozos de chocolate en el horno, quiero comer una (o tal vez dos). Cuando me siento cansada, quiero ir a la cama aunque tenga trabajos importantes que hacer. Si veo algo que me gusta, quiero comprarlo aunque esté ahorrando dinero para alguna otra cosa. Solo a través de la autodisciplina soy capaz de no ceder a los deseos inmediatos para aprender a esperar algo que deseo aun más. En general, la disciplina es una herramienta que nos ayuda a alcanzar las metas de la vida. Sin la herramienta de la autodisciplina, nuestras metas solo serán deseos y aspiraciones que nunca se harán realidad. La autodisciplina hace que sea posible alcanzar nuestras metas mediante la práctica de la restricción de nuestros impulsos, deseos y anhelos carnales y que los domemos a fin de alcanzar un propósito más alto que la gratificación inmediata.

Es lamentable que muchas personas no han aprendido a disciplinarse. Algunos descubren que sus finanzas son un gran desorden porque no pueden controlar el impulso de gastar. Otros luchan con cuerpos que no tienen salud debido a malos hábitos de alimentación, abuso del alcohol u otros estilos de vida que consienten los antojos. Las relaciones interpersonales son distantes o están plagadas de conflictos porque algunos no han aprendido a controlar la lengua o el mal genio. Estos problemas afectan tanto a los creyentes como a los incrédulos. Sin embargo, para el cristiano no basta con tener autocontrol; también debemos rendirnos al Espíritu Santo. La disciplina cristiana es un proceso de aprendizaje para negarnos a nuestra naturaleza carnal y someter nuestros pensamientos, emociones, imaginación, voluntad, comportamientos y deseos a la renovadora influencia del Espíritu Santo.

Disciplinas espirituales

En su libro *The Spirit of Discipline,* Dallas Willard describe las disciplinas espirituales como «actividades probadas a través del tiempo que ponemos en práctica voluntariamente como nuevos hombres o mujeres, de modo que le permita a nuestro espíritu, en constante crecimiento, ejercer dominio sobre nuestro viejo hombre encarnado. Nos ayudan haciendo que los caminos del reino de Dios ocupen el lugar de los hábitos de pecado arraigados en nuestros cuerpos»[2].

Cuando el apóstol Pablo nos dice en Efesios 4 que nos quitemos el ropaje de nuestra vieja forma de vivir y nos pongamos el del nuevo hombre, se refiere a que nos despojemos de las conductas habituales arraigadas en nosotros que fluyen de nuestra naturaleza pecadora. Somos criaturas de hábitos. Esto es algo bueno; Dios nos ha hecho así. Sin embargo, todos hemos desarrollados hábitos malos y pecaminosos de respuesta, pensamiento, sentimientos, de formas de actuar, creer, de interpretar la vida y expresarnos, que se necesitan cambiar si es que manifestaremos la nueva naturaleza en nuestros cuerpos.

Nuestro cuerpo expresa lo que hay dentro del corazón. Es por eso que el apóstol Pablo nos dice que presentemos nuestro cuerpo en un sacrificio vivo como una forma de adorar a Dios (Romanos 12:1). Nuestro cuerpo es templo de Dios. Por lo tanto, tenemos que preparar nuestro cuerpo (nuestra mente, nuestra lengua, nuestras manos, nuestros ojos, nuestros oídos y cualquier otra parte de nuestra carne), a fin de responder a Dios en obediencia fiel. A través de esta preparación aprendemos a permitirle que use nuestros cuerpos para expresar su naturaleza al mundo.

Jesús dijo que «el espíritu está dispuesto, pero el cuerpo es débil» (Mateo 26:41). Esto expresa el clamor de muchos cristianos que tratan de despojarse de sus conductas pecaminosas, pero resulta que luchan una vez tras otra contra los mismos patrones pecaminosos. A estas personas, Jesús les dijo: «Estén alerta y oren». La oración y la vigilia son actividades que podemos aprender a practicar cada vez mejor de modo que nuestra carne responda a los dictados del Espíritu. Yo puedo desear que mis manos toquen el piano o pinten un cuadro. Mi mente puede tener el deseo de memorizar las Escrituras o de aprender a jugar ajedrez, pero si no comienzo una práctica coordinada y fiel que lleve a mi cuerpo a responder a lo que desea mi espíritu, nunca podré alcanzar estas metas. Las disciplinas espirituales son métodos mediante los cuales fortalecemos nuestra naturaleza espiritual, la tonificamos más y la hacemos más fiel de modo tal que todo nuestro cuerpo responda y se someta a la voluntad de Dios.

Las disciplinas espirituales no son sagradas. No son más que peldaños que nos conducirán a una práctica más fiel de nuestras sinceras creencias. «Nos enseñan una postura interior en la que no buscamos que las cosas se hagan a nuestro modo, lo cual nos libera de una de nuestras mayores cargas»[3]. Es tentador transformar estas disciplinas en reglas que nos garanticen la madurez espiritual, pero esto sería un grave error que alimentaría nuestro orgullo y nos alentaría a pensar que somos capaces de alcanzar la madurez espiritual realizando ciertas actividades en vez de someter nuestras vidas a Dios. Las disciplinas espirituales representan un régimen de preparación que surge de nuestro amor a Dios, no del deseo de ganarnos su favor. No nos ayudan a alcanzar la justicia, pero sí nos ayudan a vivir en rectitud. Las disciplinas espirituales, cuando se practican con fidelidad, nos conducen a una mayor intimidad con Dios y una mayor capacidad de amarlo y obedecerlo con todo nuestro corazón, nuestra mente, nuestra fuerza y nuestra voluntad.

Así como el músico practica con regularidad sus escalas con el propósito de prepararse para la actuación o el gimnasta practica su rutina antes de una competencia, las disciplinas espirituales nos ayudan a prepararnos para vivir de manera eficaz para Dios. Me gustaría señalar algunas de las disciplinas específicas que ayudan a fortalecer nuestra nueva naturaleza. Recuerda, las disciplinas no son fórmulas mágicas para alcanzar la madurez espiritual. Son un régimen que profundiza nuestra confianza y dependencia de Dios. Nos fortalecen para mantenernos en pie cuando las tormentas de la vida nos azotan y a no dejarnos vencer cuando la carne trata de sacar lo mejor de nosotros.

ADORACIÓN

En las Escrituras, cada vez que un creyente se encontraba con Dios, caía sobre su rostro en adoración. Ya que pasaremos toda la eternidad adorando a Dios, me parece que nos resultará muy provechoso disciplinarnos en esta práctica con mayor regularidad y fidelidad mientras todavía estemos aquí.

Durante un breve retiro de invierno junto al océano, Dios me impresionó con un cuadro de su gloria. Me encontraba sentada frente a un gran ventanal mirando el océano. El sol, que acababa de salir, resplandecía sobre el agua. Su reflejo era tan brillante que tuve que inclinar la cabeza para proteger mis ojos del resplandor. Me pregunto si los israelitas se habrán sentido así cuando Moisés descendió de la montaña con el rostro resplandeciente por la gloria del Señor. Ningún hombre ha visto a Dios, hasta su reflejo es demasiado grandioso para que lo miremos.

Algunas veces, en mi práctica profesional, me siento abrumada ante la desdicha de la humanidad. Tengo que luchar contra la duda de la soberanía y el amor de Dios. Parece que el maligno está al frente y me siento tentada a creer la mentira de que Dios no es bueno. La adoración, tanto privada como en grupo, me recuerda que existe un cuadro mucho mayor que el que puedo captar y que no cabe duda que existe un Dios bueno y amoroso que está a cargo del mundo. Durante la adoración quito mis ojos a propósito de las circunstancias y los fijo en Cristo. Es aquí donde mi espíritu se eleva y se calma. Me recuerdan que puedo descansar en el conocimiento y la seguridad de que Él es un Dios todopoderoso, omnipotente y omnisciente, que tiene todo bajo control aunque no lo entendamos.

La disciplina de la adoración le ayuda a mi espíritu a recordar lo que es verdad: que soy una criatura y que Dios es el Creador. Cuando comienzo a envanecerme demasiado en detrimento de mi propio bien o cuando el peso del mundo se encuentra sobre mis hombros y pienso (en mi orgullo) que tengo que sobrellevarlo, entro a la presencia de Dios y a través de la adoración recuerdo las palabras de Pablo en 2 Corintios 1:21: «Dios es el que nos mantiene firmes en Cristo, tanto a nosotros como a ustedes». La adoración impide que pierda de vista mi meta: la recompensa de «¡Hiciste bien, siervo bueno y fiel!». También impide que me distraiga con los deleites temporales y pierda el camino a través de la vida.

Otra manera de expresar la adoración es con el cuerpo. Por ejemplo, levantar las manos en alabanza o cantar a Dios con mi voz son maneras en que puedo rendir mi cuerpo a la verdad que dice que Dios es digno de mi tiempo, mi atención y mi alabanza. Adorar a Dios es fijar mi mirada en la belleza de Cristo de tal manera que mis emociones se fundan en una con mi fe y mi confianza en Dios. A esa altura, la adoración se convierte en algo más que un conocimiento intelectual y pasa a ser una experiencia sincera del corazón.

ORACIÓN

Al leer los Evangelios, me asombra la cantidad de tiempo que Jesús pasaba en oración. Si queremos parecernos a Cristo y hacer lo que Él hacía para convertirnos en lo que debemos ser en verdad, la oración debe ser una parte importante de ese proceso. Sin embargo, para muchos cristianos, incluyéndome a mí, la oración es algo que dejamos para lo último. En el pasado, no oraba mucho y cuando lo hacía, mis oraciones consistían sobre todo en pedirle a Dios que me ayudara a alcanzar metas y a quitar obstáculos de mi camino. Muchas veces me quedaba dormida en medio de la oración, incluso cuando era la primera cosa que hacía en la mañana.

¿Alguna vez te has preguntado por qué Jesús pasaba tanto tiempo en oración? ¿Qué decía en sus oraciones? Sin lugar a dudas, no necesitaba decirle a Dios lo que tenía en mente. ¿Cuál era el propósito de Cristo en la oración? Oswald Chambers dice: «Una de las grandes necesidades de la vida cristiana es tener un lugar en el cual deliberadamente le prestemos atención a las realidades. Ese es el verdadero significado de la oración»[4]. Jesús se describió a sí mismo como alguien que siempre hacía lo que le decía su Padre. Tal vez era en oración que Jesús escuchaba la voz de Padre.

La oración como disciplina espiritual protege nuestro corazón. Proverbios 4:23 dice: «Por sobre todas las cosas cuida tu corazón, porque de él mana la vida». Al presentarnos cada día delante de Dios en oración, el Espíritu Santo sujeta nuestra mente, nuestros afectos, nuestra voluntad y nuestras emociones a la verdad y nos da su perspectiva de la realidad espiritual que nos rodea.

Como seres humanos, vivimos en el plano temporal. Aquí es donde residimos hasta que morimos. La práctica fiel de la oración, sin embargo, mantiene nuestros corazones sintonizados en forma regular a la realidad espiritual, o a la *verdad*, y rodeados de ella. (Véase Diagrama 9.1).

Diagrama 9.1

LA VERDAD DE DIOS

realidad espiritual
(Oración)

realidad temporal   **mentiras de Satanás**

La disciplina de la oración nos ayuda a transformar nuestros deseos en los deseos de Dios. La oración es el proceso mediante el cual nuestro corazón se vuelve uno con el de Dios.

Deseamos lo que Él desea, y cuando no sabemos qué es mejor, sabemos que su Espíritu intercede por nosotros para que se cumpla su perfecta voluntad.

Al practicar la disciplina de la oración, el proceso en sí nos ayuda a morir a nuestro viejo hombre que procura usar a Dios para su propio beneficio. «Haz esto por mí», «Dame aquello», «Ayúdame con esto otro». La oración es morir a *mí* y vivir para *Él*.

La madre Teresa dijo: «Mi secreto es sencillo, oro». Aconsejaba: «Amen la oración. Sientan muchas veces al día la necesidad de orar y lleven los problemas a la oración. Esta ensancha el corazón hasta que es capaz de contener el regalo de Dios que es Él mismo. Pidan y busquen, y sus corazones crecerán lo suficiente como para recibirlo a Él»[5]. La oración hunde tus raíces tan profundo en el amor de Dios, en su gracia, en su punto de vista, que cualquier cosa que suceda en la superficie de la vida jamás dañará tus raíces (Salmo 1:3).

Para desarrollar la disciplina de la oración es necesario separar un tiempo específico cada día, o varias veces al día, para que nuestro espíritu sea consciente de la presencia de Dios. Al permitir que nuestro corazón y nuestra mente estén en buena sintonía con su espíritu, recordamos que el amor de Dios es una experiencia real y no un simple concepto teológico. La oración le enseña a nuestra mente a reflejar la vida desde la perspectiva de Dios y permite que sus pensamientos se conviertan en nuestros pensamientos.

ESTUDIO Y MEDITACIÓN

Durante algún tiempo en mi vida cristiana, no pasaba tiempo con el Señor de manera regular. Sencillamente parecía que era imposible encontrar el tiempo, y cuando lo hacía, ¡me resultaba bastante aburrido! Sé que no soy la única.

La disciplina del estudio es tomarnos tiempo para aprender a los pies del Maestro y para poner luego en práctica lo aprendido. Si no crecemos, es porque no hemos estudiado o no aplicamos con fidelidad y regularidad lo aprendido. Si me siento en un salón de clases, escucho al profesor, me voy a casa y practico a diario lo que me enseñó, al final dominaré los conceptos. No obstante, si no escucho o no presto mucha atención, o vuelvo a casa y no practico el concepto, quizá piense que lo entendí, pero sin duda no dominaré el porqué ni el cómo.

La disciplina del estudio implica la aplicación práctica, no solo la comprensión intelectual, de las verdades espirituales. Cuando era niña, aprendí las tablas de multiplicar con fluidez mediante la práctica de la repetición. A pesar de que las aprendí hace tantos años, nunca las he olvidado. Por otra parte, estudié francés durante dos años en el instituto y dos años en la universidad. Memorizaba el vocabulario para aprobar los exámenes, pero jamás lo usé en la vida real. ¿Te parece que puedo hablar francés? Recuerdo unas pocas palabras, pero jamás podría mantener una conversación básica en francés. La disciplina de estudio requiere que dé ciertos pasos específicos para aplicar lo que aprendo a la vida:

«Presta atención, escucha mis palabras; aplica tu corazón a mi conocimiento» (Proverbios 22:17).

«Aplica tu corazón a la disciplina y tus oídos al conocimiento» (Proverbios 23:12).

«Guardé en mi corazón lo observado, y de lo visto saqué una lección» (Proverbios 24:32).

Si el estudio es un concepto nuevo para ti, comienza con el tiempo que dispongas. Si solo tienes tres minutos al día, comienza con eso. A medida que vayas conociendo a Dios, desearás dedicar más tiempo para conocerlo y meditar en su Palabra. Mi hija comenzó con lecciones de piano de quince minutos; las lecciones de una hora y media hubieran sido abrumadoras para ella. Sin embargo, a medida que maduraba como pianista, quince minutos ya no bastaban para que aprendiera las composiciones más difíciles que su maestro quería que tocara.

Mientras estudiaba el libro de Santiago, Dios le mostró a mi corazón muchas cosas en las que debía cambiar. En primer lugar, debía practicar el gozo en medio de las pruebas (Santiago 1:2). Ese comportamiento contradecía mi naturaleza, que es protestar y quejarme cuando la vida se torna difícil. Sin embargo, para desarrollar el carácter de Cristo, debo aprender a soportar las pruebas con un gozo interior.

Comencé a aprenderlo al practicar el gozo en los pequeños incidentes irritantes de la vida diaria. (Si no podía hacerlo en las pequeñas cosas, ¿cómo podía esperar hacerlo en medio de las grandes pruebas?) Amanda tiene que practicar a diario sus escalas a fin de mantener los dedos ágiles para las piezas más difíciles. Cuando practico el gozo en las cosas pequeñas de la vida, me mantengo «ágil» y capaz de responder con un gozo mayor que el común en las circunstancias más difíciles.

Dallas Willard dice que el atleta «que espera sobresalir en una disciplina deportiva sin realizar el ejercicio adecuado con su cuerpo es tan tonto como el cristiano que espera poder actuar como Cristo cuando se pone a prueba sin haberse ejercitado como es debido en una vida piadosa»[6]. No basta con dejar de hacer cosas malas como cristiano; debemos practicar a diario las cosas buenas. La oportunidad para practicar se presenta en las situaciones comunes y corrientes de la vida, no en los extraordinarios «momentos de Dios». Cuando esos momentos especiales tengan lugar, desearemos estar listos.

La disciplina de la meditación implica «una intensa actividad espiritual. Significa que debemos someter cada partecita de nuestra mente y debemos concentrar sus poderes; esto incluye tanto una acción deliberada como una reflexión»[7]. La meditación concentra nuestro intelecto, nuestra razón, nuestra imaginación y nuestra voluntad en un asunto, una historia, un versículo o una imagen en particular que le permite a Dios hablar a nuestro corazón de maneras específicas. La meditación mastica y traga la Palabra de Dios, y la digiere hasta que nutre el alma. El salmista dice: «En tus preceptos medito, y pongo mis ojos en tus sendas. En tus decretos hallo mi deleite, y jamás olvidaré tu palabra» (Salmo 119:15-16).

Una vez, mientras leía los Evangelios, me impactó la historia de quienes llevaban a sus amigos a Jesús para que los sanara (Mateo 15:29-31). Comencé a meditar en esa historia. Me imaginaba a las personas llevando a sus amigos enfermos delante de Jesús, llenos de esperanza en este hombre de milagros que sanaba a la gente. Tal vez sus amigos enfermos no deseaban venir o quizá eran escépticos, pero los brazos y las piernas de sus amigos los llevaban delante de Jesús cuando no podían o no querían llegar solos. Me pregunté cómo podía hacer lo mismo por mis amigos. ¿Cómo podía llevar a Jesús a los que estaban enfermos, paralizados por el temor o ciegos de incredulidad? En oración, usé mi imaginación para llevar a mis amigos, a los que estaban dispuestos y a los que no, delante de Jesús para que los sanara. El ejercicio revitalizó mi vida de oración. La oración por mis amigos se transformó en algo más que palabras; se convirtió en acción dinámica.

AYUNO

Si es que pensamos alguna vez en el ayuno, casi siempre lo asociamos con la oración y el ayuno intensos durante un período específico a fin de mostrarle a Dios que nos tomamos en serio nuestra petición de oración. Cuando nuestro hijo, Ryan, tuvo que someterse a una cirugía menor cuando era muy pequeño para insertarle tubos en el oído, mi esposo y yo ayunamos y oramos por él. Dios nos alienta a participar en los ayunos para diversos propósitos (Mateo 6:16; Hechos 13:2).

El ayuno como disciplina espiritual es una práctica regular en la que nos abstenemos de alimentos para crecer y fortalecernos espiritualmente. El ayuno es un medio para que nuestro cuerpo aprenda a obedecer a nuestra voluntad y al Espíritu de Dios (1 Corintios 9:27). Durante el ayuno, nuestro cuerpo clama: «Aliméntame, tengo hambre». El ayuno nos proporciona la oportunidad de decirle que no a los antojos de nuestro cuerpo y a confiar en

Dios de una manera más profunda de modo que satisfaga nuestras necesidades.

Muchos vivimos según nuestros apetitos carnales y nuestra voluntad se sujeta a los antojos de nuestra carne. Al enseñarle a la carne a obedecer al Espíritu Santo por mucho que desee algo, esta no estará en condiciones de gobernarnos. El ayuno puede ser una disciplina espiritual regular que impide que nuestra carne nos lleve a lugares donde Dios no desea que vayamos. En 1 Tesalonicenses 4:4 se dice «que cada uno aprenda a controlar su propio cuerpo de una manera santa y honrosa». Aunque Pablo habla de controlar nuestros cuerpos en el aspecto de la lujuria sexual, a muchos de nosotros también nos cuesta controlar nuestros apetitos cuando se trata de comida. La dificultad que tenemos con la negación propia y el autocontrol se pone de manifiesto cuando ayunamos. Hebreos 12:11 dice: «Ciertamente ninguna disciplina, en el momento de recibirla, parece agradable, sino más bien penosa; sin embargo, después produce una cosecha de justicia y paz para quienes han sido entrenados por ella».

También puedes ayunar de otras cosas que no sean comida y que te das cuenta de que te controlan. Por ejemplo, un ayuno de cosas dulces puede convertirse en un tiempo de crecimiento mientras te abstienes de cosas que a tu carne le encantan y pones sus caprichos bajo una autoridad superior. ¿El tiempo que dedicas a disfrutar de la televisión y de las películas sobrepasa el tiempo que pasas con el Señor o con tu familia? Considera un ayuno de estos placeres, o tal vez un ayuno específico de ciertos programas de televisión.

Todo lo que acerque tu corazón al mundo y lo aleje de Dios, te gobernará. El ayuno como disciplina espiritual nos ayuda a despegar nuestro corazón de estas cosas a fin de que dejen de controlar nuestro tiempo o nuestra atención.

«Las personas bien acostumbradas al ayuno como una práctica sistemática tendrán una sensación clara y constante de sus recursos en Dios. Esto los ayudará a soportar las privaciones de toda índole, incluso hasta el punto de soportarlas de manera fácil y con alegría [...] El ayuno nos enseña temperancia o auto-control y, por lo tanto, nos enseña la moderación y la restricción con respecto a nuestros impulsos fundamentales»[8].

SILENCIO Y SOLEDAD

¿Qué sucedería si pasaras todo un día solo y no hablaras con nadie excepto Dios? Vivimos en un mundo que constantemente bom-bardea nuestros sentidos. Los televisores, las radios, los teléfo-nos y las computadoras son nuestros compañeros constantes. Casi nunca nos tomamos un tiempo libre en medio de una vida demandante para estar en silencio y soledad.

Sin embargo, Dios dice: «Quédense quietos, reconozcan que yo soy Dios» (Salmo 46:10). Muchos de nosotros nunca nos permitimos estar lo suficiente quietos como para escuchar la voz de Dios o para sentarnos en silencio en su presencia. Al comien-zo, es difícil practicar la disciplina del silencio y la soledad. A algunas personas les asusta el silencio. No estamos acostumbra-dos a estar a solas con nuestros pensamientos. No obstante, si separamos con regularidad momentos para estar quietos y en silencio, se renovará tanto nuestra vida interior como la exterior. El silencio y la soledad nos dan un espacio muy necesitado en el frenesí de nuestra vida controlada por el tiempo, para la oración, la adoración personal y la meditación. En este espacio llegamos a comprender mejor nuestros pensamientos y, además, comen-zamos a captar la mente de Dios.

Para mí, el mejor momento para el silencio y la soledad es la primera hora de la mañana. Existe algo inherente en este momento del día que dispone mi corazón para estar más tran-quila y dispuesta para Dios (Salmo 5:3). Una vez que comien-zan las actividades diarias, es mucho más difícil encontrar un espacio para ese momento de silencio. También te aliento a que pruebes los retiros de medio día o de un día entero en los que puedas estar completamente a solas con Dios. Algunos lugares cristianos de retiros permiten que una persona pase el día allí justo con este propósito. Un día a solas en la playa o en las montañas también puede ser un lugar de soledad y silencio en los que Dios pueda darse a conocer con más facilidad.

SENCILLEZ

En muchos casos, la lucha de la vida cristiana no se produce entre las cosas malas y las buenas, sino entre las buenas y las mejores. La sencillez es una disciplina de desprendimiento, de soltar cosas que amamos o que deseamos de manera que nuestros corazones no se apeguen demasiado a nada que no sea Dios. Algunas veces, nuestro corazón está ligado a cosas buenas pero que impiden una confianza más profunda en Dios. Timoteo dijo que: «Gran ganancia es la piedad acompañada de contentamiento» (1 Timoteo 6:6, RV-60). El apóstol Pablo dijo: «He aprendido a vivir en todas y cada una de las circunstancias» (Filipenses 4:12). Al practicar la disciplina de la sencillez, podemos aprender a estar satisfechos con lo que Dios nos da y a soltar de buena gana lo que nos quita. A fin de aprenderlo, se necesita tiempo y práctica.

Durante largo tiempo me aferraba a una buena reputación. Deseaba que la gente pensara bien de mí y me sentía consternada cuando no lo hacían. Me preocupaba, me sentía demasiado lastimada y trataba de hacer lo imposible por conformar a personas que no querían conformarse. La sencillez implicaba que soltara mi reputación y confiara en Dios para lo que necesitaba. El resultado de despegar mi corazón del amor a un buen nombre me ha traído libertad, libertad para no tener que defenderme, libertad para ser lo que Dios desea sin preocuparme cómo lo reciba la gente. Esto me ha permitido apegar mi corazón a la manera en que Dios me ve y escuchar con mayor atención para ver si cuento con su aprobación.

La sencillez interior lleva a la sencillez exterior. No confundas la disciplina de la sencillez con la negación propia o el ascetismo. La sencillez es simplemente confiar en Dios y en lo que Él dice. Implica la aceptación en la vida y nos conduce a estar satisfechos en el lugar en que nos encontramos y con lo que Dios nos ha dado para disfrutar sin aferrarnos a nada con mucha fuerza. Cuando practicamos la disciplina de la sencillez, no nos consume la preocupación por tener más ni por perder lo que tenemos, ya sea que nos refiramos al plano de las posesiones, de las relaciones o de las posiciones de importancia. Cuando complicamos la vida, nos sentimos agotados y distraídos. Nuestro corazón también se puede sentir atraído por las cosas buenas y agradables del mundo y satisfecho con ellas, cosas que nos hacen perder el apetito por las que son verdaderamente maravillosas en la vida, que se encuentran solo en la comunión con Dios.

Para extender la lectura sobre el asunto de las disciplinas espirituales, recomiendo dos libros: *Treasury of Christian Discipline*, de Richard Foster y *The Spirit of Discipline*, de Dallas Williard.

LA REUNIÓN

La invitación llegó sin mucha pompa, en un simple sobre blanco. La reunión de los veinticinco años de graduados del instituto de mi clase tendría lugar en un elegante club campestre en los suburbios de Chicago, Illinois. Deseaba asistir con todas mis fuerzas, ya que no había visto a ninguno de mis compañeros de clase desde la reunión de los diez años, pero tenía que prepararme. Como faltaban un par de meses, tenía tiempo para poner mi cuerpo en forma y deshacerme de los cinco kilos acumulados alrededor de mis caderas y muslos. Después de todo, quería verme bien. No quería que nadie susurrara: «Vaya, cómo se ha venido abajo». Ya sabes a lo que me refiero.

Me discipliné y comencé una dieta baja en grasas y sin dulces, y hacía ejercicio cuatro veces a la semana. Algunas veces me sentía tentada a consentirme con una porción de pizza o un helado, pero mantuve mi decisión al imaginarme dentro del nuevo conjunto de ropa que había comprado un poco demasiado ceñido.

Nada me distraía. Reacomodé mi agenda ajetreada para lograr mis objetivos.

La reunión llegó y se fue, y debo admitir que no me veía muy avejentada. Aun así, Dios me recordó que pronto llega una reunión mucho más importante a la cual no le doy ni la mitad del tiempo y esfuerzo que le di a la reunión de mi clase. Jesús pronto vendrá a llevarme al cielo. Habrá una reunión de magnitud eterna en la que todo lo que haya pensado y hecho alguna vez se evaluará desde una perspectiva eterna. ¿Qué perecerá en el horno de su fuego consumidor? ¿Qué será lo que salga como oro? ¿Escucharé: «¡Hiciste bien, siervo bueno y fiel!»? ¿Me comprometo a llevar una disciplina centrada en la reunión de Dios tanto como lo hice en ocasión de la reunión del instituto? ¿Me conformo con entrar al cielo gorda y avejentada en el sentido espiritual?

En la reunión de la escuela deseaba que mis antiguos compañeros dijeran cosas buenas de mí. ¡Qué bueno sería que la reunión eterna pusiera la misma presión en mis pensamientos diarios! En mi mente no tengo en forma prioritaria a aquel cuya perspectiva y aprobación son las que, en definitiva, más importan. No me disciplino para la recompensa eterna. Quiero las cosas buenas ahora y me permito volverme perezosa y flácida. Me olvido de que mi reunión eterna está muy cerca.

Filipenses 1:6 promete que «el que comenzó tan buena obra en ustedes la irá perfeccionando hasta el día de Cristo Jesús». A Dios le interesa restaurar su imagen y su naturaleza en nosotros. Podemos cooperar con Dios preparándonos en sus caminos o podemos permanecer débiles y desmejorados en el aspecto espiritual.

«No nos cuesta nada *desear* llegar a la madurez, si no hacemos ningún *esfuerzo* por madurar. Debemos desear la madurez y la perfección de Dios en nuestras vidas más que cualquier otra cosa»[9]. El Señor nos pregunta: «¿Quién arriesgaría su vida por acercarse a mí?» (Jeremías 30:21). ¿Te arriesgarás?

❊

Tiempo de reflexión

1. Lee 2 Pedro 1:1-11. En el versículo 5 Pedro nos anima a esforzarnos para desarrollar estas cualidades de carácter. Usa tu imaginación y piensa en el Espíritu Santo como tu entrenador personal. ¿Qué disciplinas específicas escogerías para que al practicarlas desarrolles algunas de las cualidades que describe Pedro? Crea un plan de acción para comenzar a practicar estas cualidades en tu vida diaria.

2. Gálatas 5:24 dice: «Los que son de Cristo Jesús han crucificado la naturaleza pecaminosa, con sus pasiones y deseos». Comienza a practicar ejercicios de apego y desapego. Por ejemplo, intenta hacer un ayuno de las cosas que te estorban en tu relación con Dios y con otros a los cuales amas. ¿Puedes despegarte del televisor, de los deportes, de las compras, de trabajar demasiadas horas? En su lugar, apega tu corazón a las cosas espirituales mediante conversaciones con Dios, con tu cónyuge y con tu familia. A través de este proceso, aprende a abandonar o a dejar de lado las cosas que antes amabas y a apegar tu corazón a las cosas de Dios. Fíjate cómo todo cambia en tu interacción diaria con otros cuando lo pones en práctica.

3. Comienza a separar un tiempo regular para la oración y el estudio de la Palabra de Dios. Disciplínate para hacerlo todos los días, ya sea que tengas deseos o no. Las emociones son solo una parte de ti. Ejercita tu voluntad y decídete a hacerlo. En el proceso, abre de par en par tu corazón a Dios. Recuerda que el cambio se produce mediante la práctica habitual.

Capítulo diez

Una nueva manera de vivir

La transformación hacia una nueva persona en Cristo

Por tanto, imiten a Dios, como hijos muy amados, y lleven una vida de amor, así como Cristo nos amó y se entregó por nosotros como ofrenda y sacrificio fragante para Dios.
Efesios 5:1-2

Para el día de Acción de Gracias, mi familia voló a Chicago para celebrar esta fiesta con nuestros parientes. Hacía dos años que no veía al niño de mi hermano. Tenía apenas cuatro años la última vez que lo vi, así que no esperaba que se acordara de mí. Cuando volvieron a presentarnos, su madre dijo: «Clayton, ¿te acuerdas de la tía Leslie?». Frunció las cejas poniendo cara de confundido y dijo: «No, pero es igualita a la tía Patt». Patt es mi hermana menor. Hace un par de años me envió una tarjeta de cumpleaños en la que bromeaba diciendo que me parecía cada vez más a nuestra madre.

Todos llevamos la imagen de la herencia de nuestra familia. Tengo los ojos y la contextura física de mi madre. Mi hijo se parece a su padre. Mi hija es coreana y sus rasgos físicos se corresponden con su herencia asiática, pero algunos de los gestos que hace con la mano y algunas peculiaridades se parecen a los míos.

No es solo nuestra apariencia física la que se parece a la de otros miembros de la familia, sino que con el tiempo también comenzamos a llevar la imagen de la clase de vida que hemos vivido. Gasper y Ruth eran una pareja de ancianos que mi esposo y yo conocimos cuando éramos recién casados. Eran una inspiración para nosotros porque llevaban en sus rostros arrugados las líneas de un matrimonio feliz. Otros llegan a tener rostros surcados de preocupación o marcados de amargura. «En el agua se refleja el rostro, y en el corazón se refleja la persona» (Proverbios 27:19). A fin de cuentas, nuestra vida llega a reflejar la imagen de lo que hay en nuestro corazón.

TODA PERSONA PORTA UNA IMAGEN

Dietrich Bonhoeffer, un joven pastor luterano, estuvo preso y por último murió como mártir en Alemania bajo el régimen de Adolfo Hitler. En su clásico libro *El costo del discipulado* escribe: «Toda persona porta una imagen». Y: «El hombre se moldea a sí mismo de acuerdo a la forma del dios de su propia invención, o bien el verdadero Dios viviente moldea al ser humano a su imagen. Para que el hombre sea restaurado a la imagen de Dios, debe producirse una completa transformación, una "metamorfosis"»[1]. La buena noticia del evangelio es que Dios no solo nos redime, sino que nos restaura a su imagen.

Tengo una amiga a la que le encantan los muebles antiguos. Tiene un ojo que puede divisar tesoros en medio de un montón de basura. Revolviendo en ventas de garaje, remates y mercados de pulgas, redime muebles que estaban destinados a quedar desechados por aquellos de nosotros que tenemos menos capacidad para ver su valor. Sin embargo, ella no se detiene allí. Luego de redimir el mueble, acomete la tarea de restaurar su belleza original. Comienza con una limpieza general. Le quita la tierra, el hollín, los escombros y la vieja pintura que se han acumulado a lo largo de años de descuido. Luego, con sumo cuidado rellena las grietas, lustra, lija, encera, frota y frota hasta que se restaura la cálida y rica pátina de la madera. Saca a relucir su verdadera imagen, la belleza y el diseño original encubiertos por el descuido, el daño y las falsas coberturas.

El pecado, tanto el nuestro como los que otros cometen contra nosotros, ha manchado nuestro diseño original destinado a llevar la imagen de Dios. Nuestros mejores esfuerzos humanos se quedan cortos en comparación con el plan original de Dios. Sin embargo, en su soberana gracia, Dios no solo nos ofrece perdonar nuestros pecados, sino que desea restaurarnos a fin de que participemos de su naturaleza divina (2 Pedro 1:4). Nuestro destino como seres humanos es reflejar la imagen de Dios en nuestro cuerpo humano (2 Corintios 4:10-11). No obstante, un sinnúmero nos conformamos con mucho menos de lo que espera Dios.

Una patética línea en la película *Tienes un e-mail* me golpeó como un rayo cuando la escuché por primera vez. Tom Hanks le escribe a Meg Ryan: «¿Alguna vez te has sentido como si te hubieras convertido en la peor versión de ti misma?». Cuando permanecemos inmaduros y pecadores, tal y como es nuestro ser natural (la Escritura lo define como el viejo hombre), *somos* la peor versión posible de nosotros mismos. Llevamos la imagen del dios de este mundo. Dios quiere restaurar su imagen y su naturaleza en nosotros. A medida que transitamos los pasos del Principio de la VERDAD, Dios no nos convierte en otra persona. Más bien, nos cambia para que nos convirtamos en la mejor versión posible de nosotros mismos, la versión original de acuerdo a como Él nos creó: ser semejantes a Jesús (Romanos 8:29).

Como creyentes tenemos un nuevo Espíritu, el Espíritu Santo que vive en nosotros, pero las cosas de la vida siguen impidiéndonos reflejar con brillo su imagen. Como una ventana sucia, nuestra alma está cubierta de hollín y barro. Parte de esta suciedad está allí debido a nuestras propias decisiones. Otros escombros en la ventana de nuestra alma los han untado quienes nos han lastimado al pecar contra nosotros. El Principio de la VERDAD nos da un proceso mediante el cual podemos ver el pecado de nuestro corazón y de nuestra vida con mayor claridad. A través de él, la Palabra y el Espíritu de Dios nos enseñan *cómo* sacar los escombros, los hábitos de pecado, nuestros falsos amores, los ídolos de nuestro corazón, y las profundas heridas que nos infligieron otros. El deseo de Dios es quitar cualquier cosa que impida que su imagen brille por medio de nosotros.

El apóstol Pablo nos dice que debemos ser imitadores de Cristo y que debemos vivir en amor (Efesios 5:1). A medida que maduramos, nos pareceremos cada vez más a Jesús. Somos los portadores de su imagen. ¿La imagen de quién portas?

El apóstol Juan nos dice que «Dios es luz y en él no hay ninguna oscuridad. Si afirmamos que tenemos comunión con él, pero vivimos en la oscuridad, mentimos y no ponemos en práctica la verdad» (1 Juan 1:5-6). ¿Por dónde caminas con más regularidad? (Véase Cuadro 10.1). Todos nosotros, a veces, nos deslizamos al camino oscuro de la vida. Nuestra carne se sale con la suya y tropezamos con el egoísmo, el orgullo o cosas similares. Cuando esto ocurre, ¿nos damos cuenta de lo que sucede y respondemos a Dios con un corazón arrepentido? ¿Nos sometemos al derecho de Dios de corregirnos y gobernarnos o permanecemos en la oscuridad? Como nuevas criaturas en Cristo, Dios nos equipa a través de su Espíritu para andar en la luz. Cualquier cosa que hagamos inferior a esto es privarnos de la

Cuadro 10.1

Luz (Efesios 5:8-15)	Oscuridad
verdad	mentiras
amor	odio / temor
esperanza	desesperación
humildad	orgullo
fe	duda
amabilidad	egoísmo
gozo	ira
perdón	amargura / resentimiento
paz	preocupación / ansiedad
bondad	egocentrismo
dominio propio	indulgencia propia

oportunidad de convertirnos en la persona según el diseño de Dios, una persona que porta su imagen y lo glorifica por medio de su vida: nuestro *verdadero* ser.

Don Barsuhn, que ahora se ha jubilado, era mi antiguo pastor. Recuerdo una historia que contó sobre una visita especial que le hizo a una familia inconversa de la zona. Les llevó muchos alimentos de primera necesidad, conversó durante algún tiempo con los padres, jugó con los niños y oró por ellos antes de irse. Más tarde, uno de los padres lo llamó. Se le había olvidado el sombrero. Uno de los niños lo había encontrado y había dicho: «Mami, mami, ¡A Jesús se le olvidó el sombrero!».

Para los que jamás pondrán un pie en la iglesia, somos la única Biblia que leerán, el único Jesús que verán. ¿Nos parecemos a Él?

MORIR AL YO

Morir al yo es una frase que solía preocuparme. No estaba muy segura de qué significaba ni de cómo lo lograría. ¿Quería decir que debía morir a mis pensamientos, a mis sentimientos, a mis deseos y seguir adelante con cualquier cosa que otro pensara o deseara? ¿Quería decir que no tenía que tener personalidad, ni individualidad, ni nada que me hiciera diferente como una persona singular dentro del cuerpo de Cristo?

No creo que eso sea lo que enseñe la Biblia cuando habla de morir al yo. Para llegar a ser lo que en verdad somos en Cristo, debemos primero reconocer y tratar a nuestro viejo y falso «yo». Cada uno de nosotros, en nuestra naturaleza pecadora, ha creado un «yo» que es lo opuesto a lo mejor que Dios tiene pensado. *Renunciar a nuestro falso «yo»* es el proceso de morir al viejo hombre.

El apóstol Pablo reprendió a la iglesia de Corinto porque eran demasiado inmaduros como para recibir alimento sólido (1 Corintios 3:2). Una madurez mayor implica tareas más arduas. En la naturaleza, el cambio o el crecimiento casi siempre requieren la muerte. Una semilla debe morir antes de convertirse en árbol y una oruga muere antes de transformarse en una hermosa mariposa. Asimismo, el crecimiento espiritual en la vida cristiana implica morir a uno mismo. Nos cuesta entenderlo porque deseamos vivir y no queremos morir. Con todo, si no estamos dispuestos a morir a nuestro viejo hombre, Dios no puede formar al nuevo, creado para ser como Jesús.

El proceso de morir a uno mismo comienza después que la persona llega a entender que tiene un viejo hombre que debe morir. Muchas personas permanecen inmaduras porque no realizan el esfuerzo que implica conocer quiénes son y qué quieren. Asela vino a terapia porque se sentía deprimida. No sabía por qué ni cuándo había comenzado. Cuando indagué sobre su pasado, descubrí que siempre había sido una «buena niña» y que había hecho todo lo que le habían dicho. Nunca levantó polvareda, nunca expresó su propia opinión y nunca se ocupó de desarrollar su propio sentido de persona. Asela vivía sin haber reflejado jamás quién era, cómo se sentía ni por qué estaba aquí. Su pasividad puede parecerse a la muerte del «yo», pero no se puede morir a un «yo» que no sabes que tienes.

El Principio de la VERDAD puede ayudar a alguien como Asela a comprenderse a *sí misma* con mayor facilidad. Mientras miraba las respuestas a su problema, comenzó a enterarse de lo que piensa, siente y hace en medio de las dificultades de la vida. Vio que respondía retrayéndose de la gente, temerosa de cometer un error o de estar equivocada. Nunca se arriesgaba a desarrollar sus propias opiniones acerca de las cosas. El Principio de la VERDAD también le ayudó a buscar los deseos de su corazón. Este paso fue crucial para Asela. El mayor deseo de su corazón era permanecer a salvo, quedar en el anonimato para no meterse nunca en problemas. Este era su falso «yo», de ninguna manera la mujer que Dios esperaba que fuera. Necesitaba morir a ese viejo hombre para convertirse en la verdadera nueva criatura en Cristo.

En contraposición a los que no han dedicado tiempo suficiente para mirarse a sí mismos, hay muchos otros que han dedicado demasiado tiempo concentrándose en sí mismos. Damián lo tenía todo. A los cuarenta años, al fin había llegado. Poseía su propio negocio, se había comprado un Mercedes cero kilómetro convertible y había viajado alrededor del mundo con su compañía de computadoras. Aun así, para Damián, la madurez más profunda solo vendría cuando se diera cuenta de que la vida era más que encontrarse a sí mismo y satisfacerse. Maduraremos por completo solo cuando aprendamos que no encontramos la vida en nosotros mismos ni en las cosas que perseguimos. Al reconocer esta verdad, Dios nos mueve hacia una profundidad mayor de madurez espiritual. Llegamos a comprender de una manera diferente que el descubrimiento propio, la autosatisfacción, la realización y la satisfacción personal son los «premios al peor» que da la vida. Las buscamos, las obtenemos y descubrimos que son vacías. Jesús nos dice mucho cuando expresa: «El que encuentre su vida, la perderá, y el que la pierda por mi causa, la encontrará» (Mateo 10:39).

En todos los casos, ya sea que nos hayamos tomado muy poco tiempo para entendernos a nosotros mismos o que hayamos pasado demasiado tiempo complaciéndonos, el Principio de la VERDAD atrae nuestros corazones a estas preguntas centrales: ¿Qué amamos y adoramos? A menudo descubriremos que tenemos muchos deseos legítimos, algunos que no son pecaminosos ni perversos en sí, pero que tal vez se han hecho demasiado importantes y se han convertido en ídolos de nuestro corazón. Estos ídolos revelan lo que más queremos en la vida y hasta qué punto estamos dispuestos a llegar para satisfacer esos deseos. Para dejar al descubierto nuestros ídolos, tendremos que enfrentar la verdad en cuanto a si nuestro bienestar depende de satisfacer a esos ídolos de nuestro corazón o depende de Dios. Esta conciencia nos lleva a una encrucijada en la vida y a la oportunidad de crecer. ¿Será a mi manera o a la manera de Dios? Esta es la muerte del falso ser. Al descubrir que servir al «yo» es algo hueco y vacío, podemos comenzar a morir a nosotros mismos y a vivir para Dios.

Como cristianos, podemos abandonar placeres mundanos y a eso lo llamamos morir a nosotros mismos, pero la mayoría seguirá demandando placeres interiores. «Dios, si tan solo me hicieras sentir mejor... amado... me hicieras sentir tu presencia, estaría en condiciones de servir o de amarte». Cuando requerimos que Dios satisfaga nuestras emociones impacientes o dolorosas, buscamos a Dios para que satisfaga a nuestra carne, no procuramos satisfacerlo a Él. Nos centramos sobre todo en nosotros y en lo que queremos. Aunque nuestro centro de atención cambie y pase de satisfacernos a nosotros mismos en lo externo para satisfacernos en lo interno, seguimos centrados en nosotros y no en Él.

Dios es digno de nuestra atención, de nuestros pensamientos, de nuestra devoción, de nuestro amor, de nuestra obediencia y de nuestra adoración, ya sea que nos dé algo a cambio o no. Morir a nosotros mismos significa darnos cuenta de que existe algo mucho más importante en la vida que hacernos felices (Efesios 1:12; 2:10). Al darnos cuenta de esto, abandonamos el camino del interés en nosotros mismos y comenzamos una travesía de amor. En el sendero del amor aprendemos que el camino es negarnos a nosotros mismos, no sentirnos realizados. Comenzamos a aceptar de buen grado todo lo que Dios nos ofrece sin necesidad de que nos dé explicaciones ni que antes se ponga de acuerdo con nosotros. Como hijos de Dios y como portadores de su imagen, seguimos teniendo deseos, pero en el ejercicio de amar, ya sea amarnos los unos a los otros o amar a Dios, es probable que se nos pida que dejemos de lado nuestros deseos (Gálatas 5:6; 1 Juan 4:7-5:5). Al estar al servicio del amor, se nos puede pedir que dejemos de lado el deseo de ser comprendidos, de ser tratados con justicia y de tener una felicidad temporal. Primero aprendemos a hacerlo de buen grado y, a medida que profundizamos nuestro amor y confianza en Dios, descubrimos que podemos hacerlo con alegría. Jesús dijo: «Nadie tiene amor más grande que el dar la vida por sus amigos» (Juan 15:13). ¿Qué deseo mayor podríamos tener que la vida misma? Sin embargo, Jesús nos dice que en el servicio del amor, se nos puede llamar a que entreguemos la vida misma. Nuestro orgullo es lo que nos mantiene tan aferrados a *nuestros* caminos y *nuestros* deseos. Nuestro amor propio desmedido es lo que nos impide madurar porque queremos que todo se centre en nosotros y no en Dios.

Morir a uno mismo quiere decir que, día a día, comenzamos a desprendernos, a rendirnos y a someternos a la autoridad de Dios en nuestra vida, a obedecerle y a confiar en Él en cuanto a la satisfacción de los deseos de nuestro corazón, quiere decir que vivimos de tal forma que todo gira alrededor de Dios: agradándole, conociéndole, disfrutando de Él y glorificándole, y no gira en torno a nosotros y nuestros deseos. En Gálatas 2:20 (RV-60), Pablo dice: «Con Cristo estoy juntamente crucificado, y *ya no vivo yo, mas vive Cristo en mí*; y lo que ahora vivo en la carne, lo vivo en la fe del Hijo de Dios, el cual me amó y se entregó a sí mismo por mí» (cursivas añadidas).

Nunca llegaremos a ser mejores que cuando nos abandonemos a Dios y muramos a nuestro viejo hombre. «Nuestras acciones nunca son más auténticas que cuando son las acciones del Espíritu por medio de nosotros. Nunca somos más genuinamente humanos que cuando somos más piadosos. Mientras más viva Dios dentro de nosotros en armonía, más libertad tendremos para vivir»[2].

VIVIR PARA DIOS

La carta de Colosenses está llena de la dirección de Dios para nosotros a fin de que maduremos mediante esta transición de morir al yo y vivir para Dios. Pablo nos dice: «Busquen las cosas de arriba, donde está Cristo sentado a la derecha de Dios. Concentren su atención en las cosas de arriba, no en las de la tierra, pues ustedes han muerto y su vida está escondida con Cristo en Dios» (Colosenses 3:1-3).

Cada paso del Principio de la VERDAD nos ayuda a tomar estas instrucciones y a seguirlas a través de la vida diaria. Nos enseña cómo fijar nuestro corazón y nuestra mente en el programa de Dios y no en el nuestro. Nos muestra cómo arrepentirnos de nuestros falsos amores y cómo disciplinar el corazón de acuerdo a las maneras de Dios. Pedro nos dice: «Sean ustedes santos en todo lo que hagan, como también es santo quien los llamó; pues está escrito: "Sean santos, porque yo soy santo"» (1 Pedro 1:15-16). ¿Cómo lo logramos?

VIVE EL MOMENTO A PLENITUD

La mayoría de nosotros vivimos mirando hacia delante, deseando estar fuera del momento en que nos encontramos. Otros viven mirando hacia atrás, lamentándose o reviviendo sin cesar el pasado. Si vivimos mirando hacia atrás, cuestionándonos lo que hicimos, lamentando errores o alimentando heridas del pasado, nos veremos impedidos para vivir en el presente y experimentar la vida *ahora*. Tampoco podemos participar a plenitud del momento en que estamos si vivimos ansiosos, con temor o expectantes en cuanto al futuro que viene: «Cuando suceda esto, yo...» o «Cuando esto acabe, entonces...». A medida que aprendemos a vivir el momento en el que *estamos*, podemos decidir vivir cada momento para Dios. El Principio de la VERDAD da comienzo a este proceso al mirar el momento (o el problema) desde la perspectiva de Dios, de manera que podemos comprender lo que Él se propone *en* ese momento (capítulo 2). Jeanne Guyon aconseja: «¿Qué es abandonarse? Es olvidar el pasado; es dejar el futuro en manos de Dios; es dedicar por completo el presente a tu Señor. Abandonarse es estar satisfecho con el momento presente, sin importar lo que represente. Estás satisfecho porque sabes que sea lo que sea ese momento, contiene, en ese instante, el plan eterno de Dios para ti»[3].

SÉ SANTO EN EL MOMENTO

Un año Patt, mi hermana, decidió que deseaba tener un jardín de flores. Sin embargo, no le interesaba realizar ninguno de los trabajos requeridos en el cuidado de las flores. En su lugar, fue a un negocio, compró grandes cantidades de arbustos con flores de seda y los plantó en la tierra y en macetas fuera de su hogar. La gente pasaba para admirar sus hermosas flores que nunca parecían marchitas. Se divertía al observar la sorpresa en la cara de los que pasaban por su casa para mirar más de cerca esas flores y descubrían que lo que admiraban no era real. Algunas veces, en nuestra vida cristiana, deseamos vernos bien delante de los demás, pero no estamos dispuestos a realizar el trabajo que se requiere para aprender a llevar una vida que agrade a Dios. Deseamos que nuestros hermanos y hermanas cristianos nos confirmen que hacemos un buen trabajo. Deseamos que admiren el fruto espiritual en nuestra vida. Es lamentable que no podamos dejar que se acerquen demasiado porque descubrirían que somos artificiales y que no tenemos verdaderas raíces.

La santidad no es sinónima de una vida llena de buenas obras, ni siquiera es sinónima de una vida llena de rectitud. La santidad proviene de una buena relación con Dios. «La santidad "santa" es una relación santa: es la presencia incontenible de Dios en mi vida que hace que desee hacer su voluntad a la par que da la fuerza para hacerlo, por más imperfecta que sea mi manera de ponerla en práctica»[4]. La verdadera santidad reconoce nuestra total dependencia de Dios y de su gracia para llevar una vida que a Él le agrade.

¿Qué podemos ofrecerle a Dios que sea lo que más le agrada? Él no necesita nada de nosotros. Se agrada cuando le ofrecemos nuestros pecados, nuestra confianza, nuestro amor, nuestra voluntad y nuestra hambre y sed en todo *momento* de la vida. A Dios le agrada que reconozcamos que estamos incompletos sin Él, que lo necesitamos solo a Él para estar satisfechos con la vida. «Dios es más glorificado en nosotros cuando estamos más

211

satisfechos con Él»[5]. Dios no se deleita en nuestros sacrificios, en nuestra disciplina ni en nuestros esfuerzos por hacer buenas obras. Se deleita y se glorifica cuando reconocemos con humildad la necesidad que tenemos de su amor, su gracia y su perdón para vivir cada *momento* de nuestra vida. Se deleita en nuestra impotencia y en nuestra dependencia de Él.

UN CAMBIO DE CORAZÓN

El cambio de un corazón es la obra de redención y restauración de Dios en el corazón y la vida de una persona. «Les daré un nuevo corazón, y les infundiré un espíritu nuevo; les quitaré ese corazón de piedra que ahora tienen, y les pondré un corazón de carne. Infundiré mi Espíritu en ustedes, y haré que sigan mis preceptos y obedezcan mis leyes» (Ezequiel 36:26-27). El cambio de corazón se refiere a nuestra relación con Dios y a la manera en que esta unión de su Espíritu con nuestro espíritu opera en nuestra vida. A lo largo de todo este libro he hecho énfasis en que si amamos a Dios, le obedeceremos y que solo llegaremos a amarle cuando conozcamos su amor hacia nosotros. Dios nos transforma a través del poder de su Espíritu que vive en nosotros. El amor mueve nuestro corazón a obedecerle. Jesús vino en amor a través de la encarnación (Juan 3:16). En amor entregó su vida de buen grado y con mucho gusto fue a la cruz (Romanos 5:8). Su amor nos redime; su amor nos restaura. Su amor convierte nuestro corazón de piedra en uno de carne.

Linda, una antigua paciente, ha puesto manos a la obra durante los dos últimos años para aplicar los pasos del Principio de la VERDAD en su vida cuando todo se le viene abajo. Me ha dado permiso para citar un extracto de su diario en el que describe esta nueva experiencia de amar a Dios. Escribe lo siguiente:

> En estos días, experimento mucho gozo en mi vida. Gozo, paz, contentamiento. Creo que la mayor parte se desprende del conocimiento y la seguridad del amor de

Dios hacia mí. Es un ancla para mí; un refugio. Ayer me encontraba cantando y tarareando como una joven enamorada y, de repente, me di cuenta de que eso es justo lo que sucede. Estoy enamorada de mi Señor. Lo amo y amo sus caminos. Amo su rectitud. Tengo una aguda conciencia de lo rectos que son sus caminos. De repente, se me hace claro, claro como el agua, que sus caminos son siempre y por siempre perfectos y rectos, confiables, buenos y puros, y eso me encanta. Es como encontrar una pieza fundamental que perdimos hace mucho tiempo de un rompecabezas que al parecer era imposible de resolver. Parece que el Espíritu Santo ha perseverado de manera firme y persistente para enseñarme nuevos patrones, nuevas maneras de mirar a las personas y las situaciones; nuevas maneras de interpretar las cosas, de reaccionar y de responder ante ellas. Cuando me percato, es muy maravilloso. Es tan maravilloso responder frente a algo como Él desearía que lo hiciera. Es en verdad una experiencia de «nuevo nacimiento», como si hubiera pasado «al otro lado», de la muerte a la vida en un sentido práctico y aplicable. Siento como si al fin por primera vez en la vida, incluso por primera vez en mi vida de nacida de nuevo, experimento esa «agua viva» que describió Jesús cuando habló con la samaritana en el pozo [...] y puedo dar testimonio de que te refresca a cada instante. Y aunque no me quedo con sed, sigo sedienta de más porque es demasiado bueno como para detenerse. El Espíritu Santo y la Palabra de Dios son mi cuerda de salvamento, por así decir; los dos son absolutamente deliciosos para mis antojos y apetitos espirituales.

En definitiva, el cambio de corazón se produce en el corazón que está injertado en el de Dios. Jesús nos dice que Él es la vid y nosotros las ramas (Juan 15:5). Debemos morar en Él y Él en nosotros. En esta unión, se produce un cambio transformador y poderoso. En la naturaleza, la capacidad de un árbol de dar fruto no tiene nada que ver con las ramas y sí depende por completo de la salud de las raíces y la vid. «Cuando miramos una rama que da fruto nunca diríamos: "¡Vaya, mira el esfuerzo que ha hecho esa rama! Debe estar esforzándose mucho por producir ese fruto". La rama está en condiciones de dar fruto porque está unida a la vid, no porque se esfuerce mucho»[6]. Cuando moramos en Cristo y Él mora en nosotros, el fruto espiritual será la consecuencia natural de esa unión.

El Principio de la VERDAD es una herramienta que podemos usar para llevar de continuo a nuestra mente, nuestras emociones y nuestra voluntad a los grandes mandamientos que nos da Dios. ¿Amamos al Señor nuestro Dios con todo nuestro corazón, con toda nuestra mente, con toda nuestra fuerza y con toda nuestra voluntad? ¿Amamos a nuestro prójimo como a nosotros mismos (Marcos 12:28-31)? Si no es así, ¿qué se interpone en el camino? Este proceso, cuando se vive día tras día, es el quid de la madurez cristiana.

¿Cuándo alcanzaremos la madurez? Cuando nuestro objetivo más alto sea servir al Señor. Cuando nuestro mayor gozo sea complacerlo y nuestro deseo más profundo sea conocerlo. Nuestro corazón se transforma cada día a medida que permitimos que el amor y la verdad de Dios, lo que Él es y lo que dice, penetren en nosotros de una forma tan completa que nos hagan permanecer en Él y Él permanezca en nosotros. A medida que crecemos en Cristo, encontraremos una creciente libertad para ser nosotros mismos tal como Dios nos creó. Él nos promete: «Conocerán la verdad, y la verdad los hará libres» (Juan 8:32).

Tiempo de reflexión

1. ¿Qué imagen reflejas? ¿La gente ve a Jesús en ti o solo te ven a ti?

2. ¿Cómo has entendido lo que es *morir al yo* en tu vida cristiana? ¿Estás dispuesto a entregar tu viejo hombre (el falso) para que Dios restaure tu verdadero ser?

3. Comienza a vivir plenamente el momento. Deja de concentrarte en errores o heridas del pasado. Deja de apresurarte por salir del momento presente en el que te encuentras. En su lugar, fíjate en lo que Dios está haciendo *en* este momento para ayudarte a que seas más semejante a Él.

NOTAS

Capítulo uno:
Las reglas no nos cambian, las relaciones sí

1. Warren Wiersbe, comp., *The Best of A. W. Tozer*, Baker, Grand Rapids, MI, 1978, p. 56.

2. Oswald Chambers, *En pos de lo supremo*, Editorial Clie, Terrassa, Barcelona, España, 1979, edición revisada 1994, p. 160 (del original en inglés).

3. Chambers, *En pos de lo supremo*, p. 112 (del original en inglés).

4. En esta historia y en todas las subsiguientes, he cambiado los nombres y los detalles a fin de proteger la confidencialidad de los pacientes.

5. Sandra Wilson, «The Sufficiency of Christ in Counseling», discurso dado en la American Association of Christian Counselors Conference, Filadelfia, marzo de 1995.

6. Sinclair B. Ferguson, *A Heart for God*, NavPress, Colorado Springs, CO, 1985, p. 24.

7. Gary Thomas, *Seeking the Face of God*, Thomas Nelson, Nashville, TN, 1994, p. 61.

8. Esta era una frase habitual de la madre Teresa que se originó con Santa Teresa de Lisieux, «La florecilla de Jesús», según lo informa el Convento de las Hermanas de la Caridad, Bronx, Nueva York.

9. Donna Bryson, «Mourners Seek Mother Teresa», *Allentown (Pa.) Morning Call*, 7 de septiembre de 1997, sec. A, 3.

Capítulo dos:
Problemas y pruebas: El torno que moldea nuestro corazón

1. Scott Peck, *The Road Less Traveled*, Simon & Schuster, Nueva York, 1978, p. 15.

2. Este diagrama no es de mi autoría, pero lo he visto en muchas enseñanzas a lo largo de los años y no estoy segura de cuál es su origen.

3. François Fénelon, *Christian Perfection*, trad. Mildred Whitney Stillman, Bethany, Minneapolis, 1975, p. 134.

4. Henry Blackaby y Claude V. King, *Mi experiencia con Dios*, Casa Bautista de Publicaciones, El Paso, TX, 1996, p. 38 (del original en inglés).

5. Arthur Bennett, ed., *The Valley of Vision: A Collection of Puritan Prayers and Devotions*, The Banners of Truth Trust, Carlisle, PA, 1975, p. 25. Usado con permiso.

6. Esta es la respuesta a la pregunta que se encuentra al principio del Catecismo de Westminster [accedido el 4 de octubre de 2004 en http://www.iglesiareformada.com/Biblioteca.html].

7. Bodie Thoene, *Vienna Prelude*, Bethany, Minneapolis, 1989, p. 339.

8. Jerry Bridges, *Confiando en Dios: Aunque la vida duela*, Centro de Literatura Cristiana, Bogotá, Colombia, 1995, p. 18 (del original en inglés).

9. Bennett, introducción a *The Valley of Vision*. Usado con permiso.

10. Oswald Chambers, *En pos de lo supremo*, Editorial Clie, Terrassa, Barcelona, España, 1979, edición revisada 1994, p. 93 (del original en inglés).

Capítulo tres:
Nuestra respuesta a los problemas de la vida

1. Kenneth Barker, ed., *New International Bible*, Zondervan, Grand Rapids, MI, 1995, p. 783.

2. Platón, *Apology*, p. 38a.

3. Warren Wiersbe, comp., *The Best of A. W. Tozer*, Baker Books, Grand Rapids, MI, 1978, p. 43.

4. Tomás de Kempis, *Imitación de Cristo*, Editorial Bruguera, S. A., Barcelona, España, 1974, p. 40 (del original en inglés).

Capítulo cuatro:
Ídolos ocultos del corazón

1. San Agustín, *Confesiones*, Barbour, Uhrichsville, Ohio, 1984, p. 11 (del inglés).

2. *Merriam-Webster's Collegiate Dictionary*, 10ª ed., s.v. «worship» [adoración].

3. Oswald Chambers, *Biblical Psychology*, Discovery House, Grand Rapids, 1995, p. 196.

4. Oswald Chambers, *En pos de lo supremo*, Editorial Clie, Terrassa, Barcelona, España, 1979, edición revisada 1994, p. 207 (del original en inglés).

5. François Fénelon, *Christian Perfection*, trad. Mildred Whitney Stillman, Bethany, Minneapolis, 1975, p. 166.

6. Eileen Egan y Kathleen Egan, *Prayertimes with Mother Teresa*, Image Books, Nueva York, 1989, pp. 134-135. Usado con permiso.

Capítulo cinco:
La Verdad: El espejo de nuestro corazón

1. Richard Lovelace, *Dynamics of Spiritual Life*, InterVarsity, Downers Grove, IL, 1979, p. 88.

2. Stephanie J. Dallam, «Dr. Richard Gardner: A Review of His Theories and Opinions on Atypical Sexuality, Pedophilia, and Treatment Issues», *Treating Abuse Today* 8, no. 1, 1998, p. 23.

3. John D. Hannah, «Insights into Pastoral Counseling from John Owen», en *Integrity of Heart, Skillfulness of Hands*, de Charles H. Dyer y Roy B. Zuck, eds., Baker, Grand Rapids, MI, 1994, p. 348.

4. Scott Peck, *The Road Less Traveled*, Simon & Schuster, Nueva York, 1978, p. 58.

5. Susan Muto, *St. John of the Cross for Today: The Ascent*, Ave Marie Press, Notre Dame, IN, 1991, p. 40.

6. James Bryan Smith, *Embracing the Love of God*, Harper, San Francisco, 1995, p. 31.

7. Leanne Payne, *Restoring the Christian Soul*, Baker, Grand Rapids, 1991, p. 193.

8. Eileen Egan y Kathleen Egan, *Prayertimes with Mother Teresa*, Image Books, Nueva York, 1989, p. 23.

9. Steven Covey, *Los 7 hábitos de la gente eficaz*, Editorial Piados SAICF, Buenos Aires, pp. 33-34.

10. Oswald Chambers, *En pos de lo supremo*, Editorial Clie, Terrassa, Barcelona, España, 1979, edición revisada 1994, p. 176 (del original en inglés).

11. François Fénelon, *Meditations on the Heart of God*, trad. Robert J. Edmonson, Paraclete Press, Brewster, MA, 1997, p. 24.

12. Terry W. Glaspey, *Pathway to the Heart of God*, Harvest House, Eugene, OR, 1998, p. 111.

13. Glaspey, *Pathway to the Heart of God*, pp. 144-145.

Capítulo seis:
La respuesta de nuestro corazón a la verdad de Dios

1. François Fénelon, *Christian Perfection*, trad. Mildred Whitney Stillman, Bethany, Minneapolis, 1975, p. 186.

2. Adaptado de la obra de Lynn Heitritter y Jeanette Vought, *Helping Victims of Sexual Abuse*, Bethany, Minneapolis, 1989, p. 132. Usado con permiso.

3. *W. E. Vine: Diccionario Expositivo de palabras del Antiguo y del Nuevo Testamento exhaustivo*, s.v. «metanoia».

4. Thomas Brooks, *Precious Remedies Against Satan's Devices*, Banner of Truth Trust, Carlisle, PA, 1997, pp. 60-61.

5. François Fénelon, *Meditations on the Heart of God* trad. Robert J. Edmonson, Paraclete Press, Brewster, MA, 1997, p. 142.

6. Mario Murillo, *The Dark Night of the Soul*, Fresh Fire Communications, Danville, CA, 1997, p. 46.

7. Teresa de Ávila, *Castillo interior*, trad. y ed. E. Allison Peers, Image Books, Nueva York, 1989, p. 154 (de la traducción al inglés).

8. Jay E. Adams, *More Than Redemption: A Theology of Christian Counseling*, Presbyterian and Reformed, Phillipsburg, NJ, 1979. Discusión sobre «Don't Apologize», pp. 221-222.

Capítulo siete:
Vivir para agradar a Dios

1. Sandra Wilson, «The Sufficiency of Christ in Counseling», discurso en la Conferencia de la Asociación de Consejeros Cristianos de Estados Unidos, Filadelfia, marzo de 1995.

2. Nota de la traductora: En el original, la autora forma una sigla con la palabra «TRUTH» (VERDAD) y con cada letra nombra los principios que se desarrollaron a lo largo del libro, a saber: T = Troubles (Problemas), R = Response (Respuestas), U = Underlying Idols, (Ídolos ocultos), T = Truth (Verdad), H = Heart's Response (Respuesta del corazón). Ante la imposibilidad de traducción de la sigla, dejaremos la letra del inglés y desarrollaremos el concepto tal como ya lo hicimos en español.
   Dos: Problemas y pruebas: El torno que moldea nuestro corazón
   Tres: Nuestra respuesta a los problemas de la vida
   Cuatro: Ídolos ocultos del corazón
   Cinco: La Verdad: El espejo de nuestro corazón
   Seis: La respuesta de nuestro corazón a la verdad de Dios

Capítulo ocho:
La visión global

1. Edward Welsh, *When God Is Small and People Are Big*, Presbyterian and Reformed, Phillipsburg, NJ, 1997, p. 18.

2. François Fénelon, *Talking with God*, trad. Hal M. Helms, Paraclete Press, Brewster, MA, 1997, pp. 23-24.

Capítulo nueve:
Disciplinas del corazón

1. Oswald Chambers, *En pos de lo supremo*, Editorial Clie, Terrassa, Barcelona, España, 1979, edición revisada 1994, pp. 185-186 (del original en inglés).

2. Dallas Willard, *The Spirit of the Disciplines*, Harper Collins, San Francisco, 1991, p. 86.

3. «Interview with Dallas Willard», *Discipleship Journal*, septiembre-octubre de 1998, p. 27.

4. Oswald Chambers, *Prayer: A Holy Occupation*, ed. Harry Verploegh, Discovery House, Grand Rapids, 1992, p. 60.

5. Eileen Egan y Kathleen Egan, *Prayertimes with Mother Teresa*, Image Books, Nueva York, 1989, p. 9.

6. Willard, *The Spirit of the Disciplines*, pp. 4-5.

7. Chambers, *Prayer: A Holy Occupation*, p. 126.

8. Willard, *The Spirit of the Disciplines*, p. 167.

9. François Fénelon, *Meditations on the Heart of God*, trad. Robert J. Edmonson, Paraclete Press, Brewster, MA, 1997, p. 70.

Capítulo diez:
Una nueva manera de vivir

1. Dietrich Bonhoeffer, *The Cost of Discipleship*, Simon & Schuster, Nueva York, 1995, p. 300.

2. James Houston, *The Transforming Power of Prayer*, NavPress, Colorado Springs, CO, 1996, p. 216.

3. Jean Guyon, *Experiencing the Depth of God*, Christian Books, Goleta, CA, 1975, p. 35.

4. Gary Thomas, *Seeking the Face of God*, Thomas Nelson, Nashville, TN, 1994, p. 75.

5. John Piper, *The Pleasures of God*, Multnomah, Portland, OR, 1991, p. 241.

6. James Bryan Smith, *Embracing the Love of God*, Harper & Row, San Francisco, 1995, p. 47.

ACERCA DE LA AUTORA

L eslie Vernick es una trabajadora social clínica licenciada que practica en forma privada la consejería cerca de Allentown, Pensilvania. Recibió el título de su maestría en Trabajo Clínico Social en la Universidad de Illinois y ha completado un posgrado en consejería bíblica, terapia cognitiva y estrategias de consejería para personas víctimas de abuso y las que abusan de otros. Es la autora de *Cómo vivir... en un mundo egoísta* y *Cómo vivir... cuando tu cónyuge actúa mal* (Editorial Unilit) y es profesora adjunta en la Universidad Bíblica de Filadelfia. Es miembro en activo de la Asociación Estadounidense de Consejeros Cristianos y enseña en dos de sus series de vídeos: *Marriage Works y Extraordinary Women*.

Leslie y su esposo, Howard, tienen veinticinco años de casados y son los padres orgullosos de dos hijos adultos, Ryan y Amanda.

Leslie es una popular oradora en conferencias, retiros de mujeres y de parejas. Le encanta animar y motivar a las personas a que profundicen su relación con Dios y con los demás. Si deseas comunicarte con Leslie para realizar un retiro o una conferencia, hazlo a través del 1-877-837-7931, o visita su sitio Web en www.leslievemick.com.